TRAITÉ
CONTRE
L'AMOUR DES PARURES,
ET
LE LUXE DES HABITS.

TRAITÉ
CONTRE
L'AMOUR DES PARURES,
ET
LE LUXE DES HABITS;
PAR

l'Auteur du *Traité contre les Danses & les mauvaises Chansons :*

SECONDE ÉDITION,

Augmentée de plusieurs Réflexions importantes ;

Ouvrage utile, principalement aux Pères & Mères, & aux Religieuses qui prennent des grandes ou des petites Pensionnaires.

A PARIS,

Chez AUGUSTIN-MARTIN LOTTIN, l'aîné, Imprimeur-Libraire du ROI & de la VILLE, rue S. Jacques, au Coq & au Livre d'or.

M. DCC. LXXX.

Avec Approbation, & Privilége du Roi.

AVANT-PROPOS.

L'AMOUR des Parures, & le Luxe des Habits ſont aujourd'hui montés à un tel excès, que non-ſeulement la Religion, mais la Raiſon même en ſont bleſſées. Beaucoup de perſonnes, qui, d'ailleurs, ne ſe piquent pas d'une grande Piété, mais qui ſe piquent de Raiſon, blâment, comme exceſſivement ridicules, pluſieurs modes de notre temps, & ſur-tout la manière dont un grand nombre de perſonnes du Sexe ſe coëffent aujourd'hui. Les ſages Payens de l'Antiquité les auroient hautement blâmées, ces Modes, ſi elles avoient été en uſage de leur temps. N'eſt-ce donc pas la honte du Christianisme, que ces manières de s'habiller, aussi immodestes que ridicules, ayent si fort prévalu parmi nous ; & qu'éclairé des pures lumières de l'Évangile, le très-grand nombre ne suive pas même celles de la Raison ?

C'est l'excès & l'étendue du Luxe, qui a détérminé à composer le petit Traité qu'on donne au Public. On emploiera, pour combattre ce désordre, les armes les plus fortes. On les prendra dans les Saintes-Écritures, & dans les Écrits des SS. Pères. C'est à ces autorités de l'Écriture & des Pères, qu'il faut appliquer ces paroles de S. Paul (*a*). *Les armes de notre milice ne sont point charnelles ;*

(*a*) 2. Cor. ch. 10. ℣. 4 & suiv.

mais puiſſantes en Dieu, pour renverſer tout ce qu'on leur oppoſe; & c'eſt par ces armes, que nous détruiſons les raiſonnemens humains, & toute hauteur qui s'éléve contre la ſcience de Dieu; & que nous réduiſons en ſervitude tous les eſprits, pour les ſoumettre à l'obéiſſance de J. C.

Nous eſpérons que dans le grand nombre de perſonnes qui ſe ſont laiſſé entraîner par le torrent de la Coutume, quelques-unes pourront être touchées de ce que nous allons leur repréſenter ici; &, s'il plaît à Dieu de les pénétrer & convaincre, nous-nous croirons bien récompenſés de notre travail, quoique la très-grande multitude continue à être opiniâtrément attachée à des uſages ſi unanimement & ſi hautement condamnés par le Saint-Esprit, dans les Livres sacrés des divines Écritures, & par les saints Docteurs de l'Église, dans leurs Instructions & leurs Ouvrages. Nous connoissons le prix d'une âme rachetée par le sang de J. C. l'Agneau sans tache & sans défaut. Le zèle seul de la gloire de Dieu & du salut des âmes nous a fait entreprendre ce petit Ouvrage. Que nous-nous estimerions heureux, si Dieu daignoit s'en servir, pour arracher du cœur de quelques-unes des personnes (qui, jusqu'à présent, ont été esclaves des Parures) le goût des Vanités du siécle, source de tant de péchés, & de la perte d'un si grand nombre de Chrétiens !

TABLE
DES CHAPITRES.

APPROBATION

du Cenſeur Royal

de la première Édition.

J'AI LU, par ordre de Monſeigneur le Garde-des-Sceaux, un Manuſcrit intitulé : *Traité contre l'Amour des Parures, & le Luxe des Habits*; & j'ai vu que tout y étoit ſolide, édifiant & très-propre à rappeller dans nos mœurs la pureté de la Morale chrétienne : Donné à Paris, ce 22 Février 1779.

Signé, LOURDET, Profeſſeur Royal.

APPROBATION

du Cenſeur Royal de cette ſeconde Édition.

J'AI LU, par ordre de Monſeigneur le Garde-des-Sceaux, un Imprimé qui a pour titre : *Traité contre l'Amour des Parures, & le Luxe des Habits.* Les Additions que l'Auteur y a faites, & la nouvelle forme qu'il y a donnée, m'ont paru y avoir ajouté un nouvel intérêt ; ainſi, tout étant, dans cet Ouvrage, également ſolide, édifiant & très-propre à rappeller dans nos mœurs la pureté de la Morale chrétienne, je crois qu'il ne peut manquer d'obtenir encore du Public le même accueil dont il vient d'en honorer la première Édition : Donné à Paris, ce 3 Décembre 1779.

Signé, LOURDET, Profeſſeur Royal.

La Permiſſion du Sceau ſe trouve ci-après page 244.

TRAITÉ

TRAITÉ
CONTRE
L'AMOUR DES PARURES,
ET LE LUXE DES HABITS.

CHAPITRE PREMIER.

L'Amour des Parures, & le Luxe des Habits, condamnés par les saintes Ecritures.

C'EST dans les divines Ecritures, qu'il plaît à l'Esprit de Dieu de nous parler ; & nous devons l'écouter avec la plus profonde adoration & la docilité la plus parfaite. Or que nous enseigne-t-il au sujet de nos habits ? *Ne vous glorifiez point de vos Vête-*

mens nous dit-il (*a*), En effet, quelle gloire plus vaine que celle là ? S. Bernard, exhortant une Vierge de qualité, nommée *Sophie*, à la mépriser, lui disoit (*b*) : « La Soye & l'Ecarlate, les vives » Couleurs, les plus belles Teintures ont de la beauté, mais » elles n'en donnent pas. En-vain » en ornez-vous votre corps ; cet » Ornement étranger se perd, dès » qu'on vous dépouille de votre » Habit. La beauté qu'on emprunte » d'un Habit, & qui disparoît » avec lui, est proprement à » l'Habit, & non pas à la personne » qui en est revêtue (*c*). Regardez » comme une chose indigne de » vous, d'emprunter votre beauté » de la peau d'un vil animal, ou » de l'ouvrage d'un vermisseau. Il » n'en est point de vraie & de » solide, que celle qui vous est

(*a*) Ecclésiastique, ch. 11. ℣. 4. (*b*) Lettre 113, n° 4. (*c*) *Ibidem n°* 5.

» propre, & qui ne vient point » du dehors ». Cette beauté eſt celle de la Vertu.

Dans le même Livre de l'Eccléſiaſtique, le Saint Eſprit dit encore (*a*) : *Le Vêtement du corps, le rire des dents, & la démarche de l'homme font connoître qui il eſt.* On voit ici clairement que le Saint-Eſprit autoriſe à juger par la manière dont une perſonne s'habille, de la diſpoſition de ſon âme. Eſt-ce donc que la modeſtie des Habits eſt toujours un ſigne certain d'une piété intérieure ? Non certainement ; mais du moins c'eſt un ſigne certain qu'on n'eſt point à Dieu, lorſqu'on n'eſt pas habillé modeſtement ; ſoit parce que la manière dont on eſt habillé laiſſe appercevoir ce qui doit être entièrement couvert & caché ; ſoit parce qu'il y a dans les Habits trop de recherche & de ſuper-

(*a*) Ch. 19. ℣. 17.

fluité. Qu'on ne diſe pas que la Religion ne conſiſte pas dans le dehors; cela eſt vrai; mais il eſt également vrai que la Religion régle l'extérieur comme l'intérieur, & que tout ce qu'il y a de bon ou de mauvais dans le dehors, vient du réglement ou du déréglement du dedans. On n'aimeroit pas le Faſte ou la ſuperfluité dans les Vêtemens, ſi la vanité n'étoit pas dans le cœur.

Rien n'eſt plus remarquable que la force avec laquelle le Prophète Iſaïe s'eſt élevé contre la Vanité & le Luxe des filles de ſon temps; & le détail dans lequel le Saint-Eſprit, qui a parlé par ce Prophète, a daigné entrer, pour condamner leurs vains Ornemens. En faiſant à chacune des paroles que nous allons lire, l'attention qu'elles demandent, pourra-t-on douter que le Luxe & la Vanité des Habits ne ſoient très-repréhenſibles, puiſqu'ils ſont si hautement condamnés par des paroles que le Saint-Esprit a dictées ? *Parce que*, dit-il (*a*), *les filles de Sion se sont élevées ; qu'elles ont marché la tête haute, en faisant des signes des yeux, & des gestes des mains ; qu'elles ont mésuré tous leurs pas, & étudié toutes leurs démarches*, (de combien de personnes du sexe dont on est environné, n'est-ce pas là le portrait ?) *le Seigneur rendra chauves les têtes des filles de Sïon ; il fera tomber tous leurs cheveux. En ce jour là, le Seigneur leur ôtera leurs Chaussures magnifiques, leurs Croissants d'or, leurs Colliers, leurs Filets de perles, leurs Brasselets, leurs Coëffes, leurs Rubans de cheveux, leurs Jarretières, leurs Chaînes d'or, leurs Boîtes de parfums, leurs Pendans d'oreilles, leurs Bagues, les Pierreries qui leur pendent sur le front, leurs Robes magnifiques, leurs beaux Linges, leurs Poinçons*

(*a*.) Ch. 3. ℣. 16 & suiv.

de diamans, leurs Miroirs, leurs Chemises de grand prix, leurs Bandeaux & leurs Habillemens légers (qu'elles portent en été) ; *& leur Parfum sera changé en puanteur, leur Ceinture d'or en une corde, leurs Cheveux frisés en une tête nue & sans cheveux, & leurs riches corps-de-Juppe en un Cilice.*

S. Jean Chrisostome veut qu'en lisant ou entendant ces paroles d'Isaïe, on s'arrête à deux considérations. La première est celle *du temps* auquel Dieu a ainsi parlé par son Prophète. La seconde est celle *des châtimens* dont il menace les filles de Sïon, contre lesquelles le saint Prophète éléve sa voix.

1° A l'égard *du temps* auquel Isaïe fait aux filles de Sïon les reproches qu'on vient d'entendre, S. Jean Chrisostome observe que (*a*), « C'est *dans le temps*

(*a*) Lettre 2, à Olimpiade, Edit. des Bénédict. tom. 3, pag. 541.

» de l'ancienne Loi, où Dieu ne » parloit aux hommes que par » des ombres & des figures; où » il ne leur donnoit ſur la manière » de vivre, que les inſtructions » les plus groſſières; *temps* où il ne » leur parloit pas du moins d'une » manière claire, des choſes futures » & céleſtes; *temps* où cette phi-» loſophie ſpirituelle que le Chri-» ſtianiſme a miſe en vigueur, » n'étoit pas même connue; *temps* » enfin, où Dieu ne donnoit aux » Juifs que des Loix imparfaites, » & accommodées à leur groſſiè-» reté. Si, *dans ce temps là même*, » & en parlant à un peuple tout » charnel, Dieu a ſi ſévèrement » défendu le Luxe & la magnifi-» cence des Habits; quel jugement » doit-il en porter, lorſqu'il la » voit dans des Chrétiens, éclairés » des lumières pures de l'Evan-» gile, & dont les ſentimens & la » conduite doivent répondre à la

» perfection que le Christianisme » exige d'eux? ».

2° A cette considération, joignons celle *des châtimens*, dont Dieu menace de punir la Vanité & le Luxe des filles de Sïon; & considérons par quelle dure captivité il les a en effet punies. Pourrons-nous douter de la grandeur d'un péché qui a si fort irrité le Seigneur, & qu'il a si sévèrement puni? « En effet, dit » le saint Docteur, Dieu étant » aussi bon & aussi miséricordieux » qu'il l'est, les auroit-il punies si » sévèrement, si leur péché n'a- » voit été encore plus grand que » la punition (*a*)?

Le même saint Docteur avertit que ce n'est point contre les seules

(*a*) *Vides acerrimam captivitatem, hinc peccati magnitudinem conjicias licet; neque enim benignus Deus tàm gravem & acerbam pœnam unquàm inflixisset, nisi peccatum quod eam accerseret, longè gravius esset.* Ibid.

filles de Sïon que le Prophète parle, mais encore contre toutes celles qui les imitent, ou qui les imiteroient dans quelque temps qu'elles vécussent (*a*).

Afin que les plaintes du Prophète Isaïe contre l'amour des filles de Sïon pour les Parures, fissent plus d'impression sur toutes les personnes du sexe, S. Cyrille d'Alexandrie avertit qu'on auroit tort de croire que ce saint Prophète n'a voulu parler que contre des filles ou des femmes prostituées. Il déclare que ces filles & ces femmes Juives, qui affectoient de paroître belles & magnifiques par la pompe de leurs Habits, & l'arrangement étudié de leurs Cheveux, le faisoient avec le consentement, & peut-

(*a*) *Neque enim ad illas tantùm hæc dicta sunt, sed ad quaslibet mulieres, illas imitantes.* Homil. 89, ejusdem in Matth. t. 7. p. 836.

être même à la ſollicitation de leurs pères & mères, ou de leurs maris, qui tenoient à honneur d'avoir des filles & des femmes qui fuſſent agréables, & qui paruſſent bien faites. Or il eſt contre toute raiſon de croire que ces pères & mères ou ces maris euſſent voulu ſouffrir des filles & des femmes qui auroient pu être ſoupçonnées de quelques déréglemens (*a*).

En conſéquence de cette réflexion de S. Cyrille d'Alexandrie, M. de Sacy, dans ſes Réflexions ſur Iſaïe (*b*) remarque

---

(*a*) *Quidam ſibi laudi ducunt uxorum mollitiem : Hoc fortaſsis morbo affecti fuerunt Judæorum Proceres, dùm pietatem quæ in Deum eſt, haberent deſpectui.... Invenitur ergò hæc Oratio in eorum fæminas ſive filias primarias ſcilicèt & maximè inſignes, quæ etiam erant Præpotentium ; ac, inquis, propterea quòd elatæ fuerunt filiæ Sion, &c.* Comment. in Iſaïam, Libri 1, Orationum, Oratione 3., *tom.* 2., *p.* 2.

(*b*) Grande Bible, tom. 20, pag. 28.

que « Ce Prophète ne dit pas que » les filles de Sïon se soient parées » dans un dessein criminel ; & cependant, après avoir marqué » en particulier tous les instrumens de leur Vanité & de leur » Luxe, il dit que *Dieu changera » leurs Parfums en puanteur, & leur » Ceinture en une corde* ». Ce pieux Auteur ajoute qu'« On ne doit » pas se flatter sur ce point, en » consultant ceux qu'on croit » les plus favorables au Luxe du » Siécle ; mais qu'il faut écouter » Dieu, qui déclare ici lui-même » sa pensée. Or ce qu'il condamne, » n'est point innocent ».

Un autre Commentateur du Prophète Isaïe (*a*), a donné plus d'étendue à cette réflexion. Ce qu'il a dit à ce sujet, est si lumineux, si solide & si édifiant, que j'ai cru devoir le rapporter tout entier. « Après l'Arrêt pro-

(*a*) M. Mésengui, t. 5, p. 219 & suiv.

» noncé par le Prophète contre
» les hommes en autorité, cou-
» pables d'injuſtice & d'inhumanité
» envers les pauvres, Dieu (dit
» ce pieux Auteur) joint celui
» qu'il va exécuter contre les fem-
» mes & les filles de Juda, pour
» des péchés auſſi communs dans
» le Chriſtianiſme, qu'ils ſont peu
» connus. Qui oſeroit, ſans s'ex-
» poſer à la raillerie, mettre au
» rang des déſordres que Dieu
» déteſte, & qu'il punira ſévère-
» ment dans les perſonnes du ſexe,
» les airs de molleſſe, les démar-
» ches étudiées, l'affectation de
» ſe redreſſer & de marcher la tête
» haute, pour étaler ſa bonne
» mine & ſa belle taille; les ſignes
» des yeux & l'envie de s'attirer
» des regards, par ceux qu'on di-
» ſtribue? Le Prophète n'accuſe
» ici ni les actions, ni les diſcours
» qui bleſſent la pureté; il ne
» marque que des airs ou de fier-
» té, ou de délicateſſe, ou de

» légèreté. Une femme du monde » ne s'avise presque jamais de » s'examiner sur cette matière ; » &, si l'on vouloit l'y rendre at- » tentive, elle traiteroit de peti- » tesse une telle exactitude. Et » en effet il y a mille choses » plus criminelles à reformer dans » la conduite des femmes du sié- » cle. Mais Dieu nous apprend » ici avec quelle sévérité il con- » damne ce que tant de personnes » comptent pour rien ; combien » il aime les manières humbles, » simples, sincères, modestes ; & » quelle corruption il découvre » dans des choses innocentes en » apparence, mais dont l'orgueil, » qu'il hait souverainement, est le » principe.

» Dans le dénombrement des » chôses que les femmes, au temps » d'Isaïe, employoient à leurs pa- » rures, il n'y a rien qui soit visi- » blement mauvais, selon nos » pensées, & que les Dames de

» notre siécle ne soient prêtes à
» justifier. Le Prophète ne leur
» reproche point d'user de fard
» pour paroître plus belles, ni d'ê-
» tre immodestement découvertes.
» Il ne les accuse point de pousser
» la dépense au-delà de leur bien,
» & de devoir aux Marchands, les
» étoffes précieuses dont elles se
» parent ; c'est la Parure & la
» Magnificence en elle-même
» qu'il condamne. C'est le Luxe
» & la mollesse que Dieu menace
» de punir bientôt, & d'une ma-
» nière qui servira de leçon à tous
» les siécles. Tous les prétextes
» dont on tâche de colorer cet
» usage des richesses, sont une
» foible défense contre la souve-
» raine justice. C'est à nous de
» réformer nos pensées sur celles
» de Dieu ; & il y a de la folie
» à prétendre réformer ses juge-
» mens sur les nôtres. Les modes
» & les usages contraires à la sim-
» plicité & à la modestie, sont

» des abus que le nombre des » coupables ne peut justifier ; les » richesses ont une autre fin que » la mollesse & l'orgueil ; il y a » mille crimes cachés sous une » Magnificence qui paroît légi- » time ; elle tarit la source des » aumônes ; elle enflamme l'ava- » rice ; elle nourrit la vanité ; elle » éteint insensiblement la pudeur ; » elle a pour principe & pour fin » le désir de plaire ; elle consume » le temps en soins frivoles ; elle » tourne l'attention de l'âme vers » le corps, qu'elle doit humilier » & assujettir ; & elle fait négliger » les besoins de l'homme intérieur, » qui périt par cette négligence » criminelle ».

Si ces solides réflexions ne touchent pas tous ceux & toutes celles qui les liront ; on ne peut du moins disconvenir qu'elles portent avec elles une lumière capable de convaincre toutes les personnes qui ne sont pas absolument déterminées à réſiſter toujours opiniâtrément à la Vérité, lors même qu'elle ſe montre dans ſon plus grand jour.

Dans le portrait que S. Matthieu fait du Précurſeur de J. C., pour nous donner quelqu'idée de ſon éminente ſainteté, il marque, pour un de ſes caractères (*a*), *qu'il portoit un Vêtement de poil de chameau, & une Ceinture de cuir autour de ſes reins*. S. Clément d'Alexandrie fait cette importante obſervation (*b*). « S. Jean (dit ce Père) » mépriſa la Laine des brebis, la » jugeant trop commode; il » lui préféra une Peau de chameau, qui eſt bien plus rude, » & il s'en revêtit, pour mener » une vie ſimple & éloignée du » Faſte. Il voulut, par cet exemple, apprendre aux hommes que » les voies du Seigneur, qu'il ve-

(*a*) Matth. ch. 3, ℣. 4. (*b*) Liv. 2, *Du Maître*, édit. d'Oxf. p. 237.

» noit préparer, ſont très-éloi-
» nées de la molleſſe & de la ſu-
» perfluité. Et, en effet, com-
» ment auroit-il voulu porter un
» Habit ſuperbe & commode, lorſ-
» qu'après avoir foulé aux pieds le
» Faſte du ſiécle, il ne cherchoit
» que la ſolitude, pour y jouir,
» loin des embarras du monde,
» tranquillement de Dieu? »

J. C. faiſant l'éloge de ſon ſaint Précurſeur, dit de lui aux Juifs (*a*) : *Qu'êtes-vous allé voir dans le déſert? un homme vêtu mollement? Vous ſçavez que c'eſt dans les Maiſons des Rois que demeurent ceux qui ſont vêtus mollement.* C'eſt-à-dire, ſelon S. Clément d'Alexandrie (*b*),
« Cette molleſſe eſt réſervée pour
» ces maiſons de Faſte, qui ſont
» toutes terreſtres, corruptibles
» & fragiles, où l'on donne tout

(*a*) Matth. ch. 11, ℣. 7 & 8. (*b*) Liv. 2, *Du Maître*, pag. 235, à la fin; & 236 au commencement.

» à la vaine gloire, à l'ambi-» tion, à l'adulation, aux erreurs, » aux préjugés. Mais ceux qui » vivent ſelon les maximes de la » Cour céleſte, où régne le Roi » des Rois, ne ſe mettent en peine » que des Ornemens incorrupti-» bles, & de la ſainteté de leur » corps, qui doit leur procurer » l'immortalité ».

Plut à Dieu, dois-je dire, d'après un célébre Auteur, qu'aujourd'hui on ne vît le Luxe & la Molleſſe que dans les Maiſons des Rois ! C'eſt un plus grand malheur qu'on ne penſe, de voir ces vices ſe déborder dans toutes les conditions, même les plus médiocres. C'eſt ce qui attire les fléaux de Dieu ſur les Etats & ſur les Peuples. Un des ſujets de la damnation du Mauvais-Riche, qui, auſſi-tôt qu'il mourut, eut l'enfer pour ſépulchre, nous eſt marqué par ces paroles de l'Evangile (*a*) : *Il y*

(*a*) Luc, ch. 16, ℣. 19.

avoit un homme riche, qui étoit vêtu de Pourpre & de Lin, c'eſt-à-dire, trop magnifiquement & trop mollement. En effet comment peut-on accorder l'humilité & la pauvreté de Jeſus-Chriſt, dont nous devons être les imitateurs, avec le Faſte & le Luxe des Habits ou des Meubles, qui ne ſont propres qu'à nourrir l'orgueil?

S. Grégoire Pape, pour nous engager à profiter de cette parole remarquable de l'Evangile, au ſujet du Mauvais-Riche, diſoit à ſon peuple (*a*): « Il y en a qui » penſent que l'amour des beaux » & des magnifiques Habits n'eſt » pas un péché. S'ils avoient rai- » ſon de penſer ainſi, la parole » de Dieu ne s'attacheroit pas à » remarquer ſi exactement que ce » Riche, qui brûle dans les enfers, » s'étoit habillé pendant ſa vie *de*

(*a*) *Hom.* 40, *in Evang.* n° 3.

» *Pourpre & de Lin*. En effet, ajoute-» t-il, nul ne s'habille magnifique-» ment, (lorſqu'il n'y eſt pas com-» me forcé par la néceſſité de ſon » état) que par vanité, & pour » ſe faire rendre plus d'honneur » & de reſpect ; & ce qui montre » clairement, ajoute ce S. Docteur, » que ce n'eſt que par ce motif » qu'on en uſe ainſi, c'eſt qu'on » ne ſe met nullement en peine » d'être habillé magnifiquement, » lors qu'on ſçait qu'on ne ſera vu » de perſonne ».

S. Paul (*a*) exhorte les Fidéles de Corinthe *à glorifier & à porter Dieu dans leurs corps* ; c'eſt ce qu'on accomplit en les conſervant dans une inviolable chaſteté, & lorſqu'on en fait ſervir les membres, d'inſtrumens pour la Juſtice. Mais combien eſt-on éloigné de *glorifier ainſi Dieu dans ſon corps*, lorſqu'on y cherche ſa propre

(*a*) 1, Cor. ch. 6, ℣. 20.

gloire, ſoit en faiſant trop de cas de la beauté corporelle, qui ſe flétrit ſi aiſement, ſoit en déſirant de ſe diſtinguer des autres, & de ſe faire remarquer par des Habits plus éclatans. « S'il faut ſe » glorifier dans ſon corps, dit S. » Cyprien (*a*), ce n'eſt que lorſ- » qu'il eſt dans les tortures, pour » la confeſſion du nom de J. C.; » lorſqu'une femme eſt plus forte » que les hommes qui la tourmen- » tent; lorſqu'elle ſouffre le feu, » ou la croix, ou le fer, ou la » rage des bêtes, pour être en- » ſuite couronnée. Ce ſont là les » Pierreries & les Diamans qui » ornent véritablement le corps ».

S. Paul recommande encore aux mêmes Fidéles de Corinthe (*b*), de *n'uſer des choſes de ce monde*, *que comme n'en uſant pas*, c'eſt-à-dire, ſans y attacher ſon cœur.

(*a*) *De habitu Virginum*, édit. d'Oxf. pag. 69. (*b*) 1. Cor. ch. 7, ℣. 31.

La raiſon qu'il en donne, eſt que *la ſigure de ce monde paſſe.* Or, quand on ne s'attache point aux chôſes de ce monde, parce qu'on eſt touché de leur inſtabilité & de leur courte durée, n'en reſſerre-t-on pas, tant qu'on peut, l'uſage qu'on en fait, & ne ſe borne-t-on pas à ce qui eſt néceſſaire? Eſt-ce ainſi qu'agiſſent tant de perſonnes attachées à la beauté des Habits, & qui cherchent tant de Parures ſuperflues? Que penſeroit-on, & que diroit-on d'une perſonne qui, ayant été miſe en priſon pour dettes, ne ſongeroit qu'à orner ſa priſon, & négligeroit de prendre tous les moyens & tous les arrangemens qu'elle pourroit, pour s'acquitter envers ſes créanciers? Une telle conduite ne ſeroit-elle pas regardée avec raiſon comme une inſigne folie? Or qu'eſt-ce que notre corps, par rapport à notre âme. Il eſt ſa priſon; c'eſt en le regardant ainſi, que David diſoit à Dieu (*a*) : *Tirez, Seigneur, mon âme de ſa priſon, afin que je béniſſe votre nom; les Juſtes m'attendent, juſqu'à ce que vous me rendiez ma récompenſe.* Pendant donc que notre âme eſt retenue dans la priſon de ſon corps, notre plus grand ſoin doit être de nous acquitter, par des œuvres de pénitence, proportionnées à nos péchés, des dettes que nous avons contractées envers la juſtice de Dieu. Et, au contraire, l'amour des Parures ne fait qu'augmenter nos dettes par les péchés qu'il nous fait commettre contre nous-même, & trop ſouvent contre les autres.

Mais, outre ces principes généraux de la Morale Chrétienne, qui condamnent ouvertement l'amour des Parures, & le Luxe des Habits, les ſaints Apôtres ont expreſſément & ſpécialement exhorté à éviter cet

---

(*a*) Pſ. 141. ℣. 10.

amour & ce Luxe. S. Paul écrit à Timothée (*a*): *Que les femmes prient, étant vêtues comme l'honnêteté le demande; qu'elles se parent, selon les régles de la modestie & de la chasteté, & non avec des Cheveux frisés, ni des Ornemens d'or, ni des Perles, ni des Habits somptueux, mais comme des femmes qui montrent par leurs bonnes œuvres, la Piété dont elles sont profession.*

Combien s'en faut-il, par la manière dont beaucoup de femmes & de filles sont habillées & sont coëffées, qu'elles *montrent qu'elles sont profession de Piété.* Au contraire tout l'attirail de vanité qu'elles portent, & l'immodestie de leurs Habits & de leurs Coëffures ne montrent-ils pas plutôt qu'elles ont renoncé à la Piété, ou au moins qu'elles pensent peu à la pratiquer?

(*a*) 1. Tim. ch. 2. ℣. 9. & 10.

L'Apôtre

L'Apôtre S. Pierre a donné aux personnes du ſexe, preſque dans les mêmes termes que S. Paul, les mêmes avis ſur les Parures (*a*). *Ne vous parez point*, leur dit-il, *au-dehors par la Friſure des Cheveux, par les Ornemens d'or, ni par la magnificence des Habits; mais ornez l'homme intérieur & inviſible, par la pureté incorruptible d'un eſprit doux & ami du ſilence; ce qui eſt un riche Ornement aux yeux de Dieu. Car c'eſt ainſi que ſe paroient autrefois les ſaintes Femmes qui eſpéroient en Dieu.* Il n'eſt pas une de ces paroles qui n'ait été inſpirée à S. Pierre par l'Eſprit de Dieu; & ainſi en contredire une ſeule, ce ſeroit contredire Dieu-même, dont l'Eſprit les a dictées.

S. Pierre, dans ces paroles, fait deux chôſes. 1° Il recommande de ne s'occuper que le moins qu'on peut, *de l'Homme extérieur*, c'eſt-

(*a*) 1. Ep. ch. 3, ℣. 3, 4 & 5.

à-dire de ſon corps. 2° Il exhorte à prendre un grand ſoin de ſon âme, qu'il appelle *l'Homme intérieur*. De-là il reſulte deux vérités qu'il eſt eſſentiel de développer.

1° Un Chrétien ne doit accorder à *l'Homme extérieur*, qui eſt le corps, que ce qui lui eſt abſolument néceſſaire; d'où il ſuit qu'il ne doit ſe permettre aucune Parure trop recherchée & ſuperflue. Je dois cependant obſerver que, lorſque l'Apôtre S. Pierre a défendu les Ornemens d'or, & la magnificence des Habits, il n'a pas prétendu interdire aux perſonnes d'un état plus relevé ſelon le monde, une manière de s'habiller plus éclatante, qui les diſtinguât des perſonnes d'une condition plus obſcure. Les Apôtres ne ſont point venus pour confondre les conditions, dont Dieu lui-même a établi la différence; mais ils ſont venus pour apprendre à chacun, à vivre chrétiennement,

& à se sauver dans l'état où Dieu l'a placé. L'intention du S. Apôtre a donc été de recommander qu'on évite dans la manière de s'habiller, trop de recherche, & toute superfluité relativement à l'état dans lequel on est. Que les Dames & les Demoiselles de qualité portent donc des Habits plus riches & plus précieux, que celles qui n'en sont pas; mais qu'elles ne perdent pas de vue cette régle de S. Paul, qui est pour les personnes de Qualité, comme pour les autres (*a*): *Que les Femmes prient, étant vêtues comme l'honnêteté le demande; qu'elles se parent selon les régles de la modestie & de la chasteté.* On se tient bien assuré que, si elles ont une véritable piété, elles seront toujours dans une sainte appréhension de se permettre trop, par rapport aux Parures. Si la bienséance

(*a*) 1. Tim. ch. 2, ℣. 9.

ou la néceſſité de leur condition exigent qu'elles ſoient vêtues plus richement que les autres, elles auront en elles-mêmes, une ſecréte confuſion, de ſe voir obligées à porter des Ornemens qui plaiſent à l'orgueil, & dont la vanité ne ſe nourrit ordinairement que trop. Les Parures du dehors ne ſont que pour les hommes, à qui nous ne devons point chercher à plaire; elles ne ſont que pour le corps, qu'il faut plutôt ſonger à punir qu'à orner, lui qui a ſouvent ſervi d'inſtrument à l'iniquité. Ne ſeroit-ce pas être inſenſé, que de parer un ennemi, de qui on auroit toujours à craindre quelque coup mortel? Notre corps n'eſt-il pas, à cauſe de ſes fréquentes révoltes contre l'eſprit, un ennemi extrémement dangereux, que nous portons toujours avec nous, & contre lequel nous devons continuellement être en garde, bien oin de tant ſonger à le parer?

Un corps, qui ſera bientôt réduit, par la mort, à une difformité, dont ceux qui le verront, lorſque l'âme en ſera ſéparée, ne pourront ſupporter la vue ; qu'on ſera obligé de renfermer promptement dans un profond tombeau, pour n'être pas incommodé de l'infection qu'il répandra, & qui doit être la pâture des vers, mérite-t-il tant d'attention que bien des gens lui en donnent ?

S. Auguſtin, parlant des Ornement de l'homme extérieur, dit que « Plus on déſire ces Ornemens, » plus on fait de tort à l'homme » intérieur (*a*) ». Et, au contraire, moins on déſire les Parures de

---

(*a*) *Corporis hujus, id eſt exterioris hominis, Ornamenta quantò magìs appetuntur, tantò ſunt interioris majora detrimenta. Quantò autem minùs appetuntur Ornamenta exterioris hominis, tantò magìs moribus pulchris homo interior adornatur... Dedit inviſibili, divitias inviſibiles; & inviſibilem ornavit inviſibiliter.* Aug. Serm. 161, n. 11.

l'homme extérieur, plus on ſonge & l'on s'occupe à parer l'homme intérieur par des mœurs pures & ſaintes. « Ne penſez pas, conti- » nue le S. Docteur, que Dieu, » qui a pourvu de tant de richeſſes » l'homme extérieur, ait privé » l'homme intérieur de celles qui » lui ſont propres. Il en a donné d'in- » viſibles & de ſpirituelles à cet » homme ſpirituel & inviſible ».

II° Auſſi l'Apôtre S. Pierre, après avoir exhorté les femmes à ne ſe point parer au dehors, les exhorte-t-il à parer *l'Homme inviſible & intérieur*, parce qu'autant que l'âme eſt au-deſſus du corps, autant les Ornemens ſpirituels ſont préférables aux Ornemens corporels. Et quels ſont ces ornemens ſpirituels ? Cet Apôtre les a tous renfermés dans ces paroles (*a*) : *Ornez l'Homme intérieur & inviſible par la pureté incorruptible*

(*a*) 1. Ep. ch. 3. ℣. 4.

d'un esprit doux & ami du silence. Cet *esprit doux*, dont parle S. Pierre, est une âme soumise en tout à Dieu, & qui, par conséquent, évite tout le mal qu'il défend, & pratique toutes les vertus qu'il nous a commandées; & ces vertus sont, selon ce S. Apôtre, un *magnifique Ornement aux yeux de Dieu*, à qui seul nous avons intérêt de plaire.

David parlant de ces Ornemens spirituels d'un âme, avec laquelle Dieu dans le saint Baptême, a fait une alliance spirituelle, dit (*a*) : *La Reine est assise à votre droite, avec une Robe couverte d'or, & parée avec une admirable variété.* Et, afin qu'on ne puisse douter que sa seule vue, en parlant ainsi, étoient les *Ornemens* spirituels & tout *intérieurs*; il a ajouté peu après (*b*) : *Toute la gloire de la fille du Roi vient du dedans*; c'est-

(*a*) Ps. 44, ℣. 11. (*b*) *Ibid.* ℣. 15.

à-dire du bon état de ſon âme & de ſa conſcience ; au lieu que la gloire que l'on tire des Parures du corps, vient du dehors. Il eſt donc viſible que *l'or* dont David parle, eſt l'or ſpirituel de la charité, comparée à l'or, à cauſe qu'elle eſt la plus précieuſe de toutes les vertus, comme l'or eſt le plus précieux de tous les métaux. *La fille du Roi*, *la Reine*, qui, ſelon David, *a une Robe couverte d'or*, c'eſt l'âme juſte, que Jéſus-Chriſt, le Roi des Rois, a rendue ſa fille & ſon épouſe dans le Baptême, & qu'il a fait Reine, en lui communiquant la Grâce, par laquelle elle commande à ſes paſſions & les tient aſſujetties, en les réprimant. Cette fille du Roi, & cette Reine, dans un ſens tout ſpirituel, a *une Robe toute couverte d'or*, parce que la Juſtice, qui fait ſon Vêtement intérieur, conſiſte eſſentiellement dans la Charité. *L'admirable variété de sa Robe* , c'est l'éclat des différentes vertus qu'elle pratique , qui ont toutes la charité pour principe, & qui ont chacune leur mérite & leur éclat particulier.

Tels sont les *Ornemens intérieurs , par lesquels seuls on peut plaire à Dieu* , & dont S. Pierre exhorte les femmes à *parer en elle l'homme invisible & caché dans le cœur.* Et peut-on estimer, comme on le doit , ces Ornemens intérieurs , sans mépriser à proportion les Ornemens extérieurs , qui ne sont que pour le corps ?

CHAPITRE II.

L'Amour des Parures & le Luxe des Habits, condamnés unanimement & très-sévèrement par les SS. Docteurs de l'Eglise dans tous les siécles.

APRÈS les divines Ecritures, rien de plus digne de notre vénération, que les Ecrits des SS. Docteurs. Les Hérétiques mêmes n'ont pu s'empêcher de respecter ces Hommes admirables, à cause de leur éminente piété, de la pénétration & de l'étendue de leur esprit, de la solidité & de la force des raisonnemens, par lesquels ils ont prouvé les vérités qu'ils ont entrepris d'établir. Combien plus les Catholiques doivent ils les respecter! Et peut-on les respecter sincèrement, sans se rendre à leurs décisions, & sans mettre en pratique leurs instructions?

Pour mettre de l'ordre dans cette longue file de tradition, partageons ce Chapitre en deux Sections ; dans la première, nous parcourrons les Jugemens que les Pères Grecs ont portés contre l'amour de la Parure, & le Luxe dans les Habits. Dans la seconde Section, nous présenterons ceux qu'ont portés contre ce désordre les Pères Latins.

SECTION PREMIÉRE.

Condamnation de l'amour des Parures, & du Luxe des Habits, par les Pères de l'Eglise Grecque.

Commençons par l'un des plus respectables Pères parmi les Grecs. S. Clément, Prêtre d'Alexandrie, établit d'abord ce principe : *Que la sainte Ecriture a déclaré que tout ce qui est superflu* (en Habits ou autrement) *vient du diable* (*a*).

(*a*) *Quod est superfluum, esse à Diabolo declaravit Scriptura.* De Pedag. l. 2, tom. 1, pag. 232.

Enſuite il remarque (*a*) que, « Comme Eve fut ſéduite par le » ſerpent, de même aujourd'hui » beaucoup de femmes ſe laiſſent » ſéduire par la beauté & la » richeſſe de leurs Parures. C'eſt » l'apas que le Démon leur pré- » ſente, pour les faire tomber » dans l'abîme du péché, comme » il préſenta autrefois à Eve, le » fruit défendu, dont elle s'arrêta » trop à conſidérer la beauté ».

Jéſus-Chriſt défend (*b*) toute inquiétude, par rapport à la nourriture & aux Habits même les plus néceſſaires; ſur quoi cet ancien Père fait ce raiſonnement ſi ſolide (*c*): « Si Jéſus-Chriſt ne veut pas » qu'on s'inquiéte, par rapport à » ce qui eſt plus néceſſaire à » notre corps; combien plus dé- » fend-il de s'occuper des Orne-

(*a*) *Ibid.* pag. 245. (*b*) Matth. ch. 6. ℣. 31 & 32. (*c*) De Pedag. *ut ſuprà*, pag. 232.

» mens de vanité & des Parures » ſuperflues? » Peu après il ajoute (*a*) « Je loue & j'admire l'an» cienne ville de Lacédémone, » qui ne permettoit qu'aux fem» mes débauchées de porter des » Habits magnifiques & enrichis » d'or; & qui, par-là, éloignoit » les honnêtes femmes de cet atti» rail de vanité, qui n'étoit accordé » qu'à celles qui faiſoient profeſ» ſion publique d'impudicité.... » J'approuve, dit-il encore (*b*), » le deſſein du Sophiſte ou Philo» ſophe Cée dans les deux Sta» tues qu'il fit faire pour repré» ſenter la Vertu & le Vice; celle » qui repréſentoit la Vertu, étant » debout d'un air majeſtueux, » revêtue d'un Habit blanc (*Sym» bole de l'innocence*), n'avoit pour » tout Ornement, que la pudeur » dont elle étoit parée ». Tel eſt le portrait d'une honnête femme, qui ne doit rechercher

(*a*) *Ibid.* pag. 233. (*b*) *Ibid.* pag. 236

d'autres Ornemens que ceux de la vertu & de la pudeur. « Au con-
» traire, la Statue, qui repréfen-
» toit le Vice, étoit couverte
» d'Habits fuperflus, & teints en
» couleur écarlate; & elle étoit
» dans une attitude, qui n'expri-
» moit que la volupté & la mo-
» leffe, & telle qu'on la voit dans
» les femmes débauchées ».

Enfin S. Clément d'Alexandrie, combattant la recherche des Parures & des Habits éclatans, la tourne en ridicule, en difant « Qu'en voyant cette re-
» cherche, on croiroit que les
» Habits font faits plutôt pour
» faire plaifir aux yeux, que pour
» couvrir le corps (*a*) ».

S. Bafile, dans fes grandes Régles, répondant à la Queftion 22, où il examine quelle eft la manière

---

(*a*) *Quò fit ut ad vifum conferatur am Veftis, non ad integumentum.* Ibid. pag. 235.

de s'habiller, qui convient à un Chrétien, commence par rappeller un principe qu'il a établi plus haut; ſçavoir, que « L'humilité, » la ſimplicité, la recherche de ce » qu'il y a de plus vil, & l'atten- » tion à faire le moins de dépenſe » qu'il eſt poſſible, ſont de devoir » pour un Chrétien, afin qu'il ait » moins de ſujets & d'occaſions » d'être détourné par les néceſſités » du corps, des choſes ſpirituelles » & céleſtes (*a*) ». Ce S. Docteur, après avoir rappellé ce principe, veut qu'on le ſuive en particulier, par rapport aux Habits (*b*). Il conclut de-là que, comme il y a une ſorte d'Habits propres à certains états, pour faire connoître ceux qui y ſont engagés; par exemple, l'Habit des Magiſtrats,

(*a*) *Ut ſint nobis cauſa paucæ, quibus ob corporeas neceſſitates diſtrahamur.* Tom. 2, pag. 366.

(*b*) *Eo animo hæc etiam ratio circa Veſtitum obſervanda eſt.* Ibid. pag. 568.

l'Habit des Soldats, &c. Il y a auſſi une manière de s'habiller, par laquelle on doit reconnoître les véritables Chrétiens, & cette manière, eſt celle qui eſt la plus ſimple & la plus modeſte (*a*).

Le zèle ardent de S. Jean-Chryſoſtome contre toute eſpéce de déſordre, l'a porté à s'élever ſouvent dans ſes Inſtructions contre le Luxe des Habits & l'amour des Parures qui régnoit de ſon tems ; & c'eſt en partie ce qui lui attira les grandes perſécutions qu'il eut à ſouffrir. Pluſieurs Dames de Condition, qui étoient à la Cour de l'Impératrice, & dont quelques-unes même étoient ſes parentes, ne pouvant

(*a*) *Ut igitur in Veſtitu, peculiaris quidam eſt Ornatus Militis, alius Senatoris, alius altèriûs, ex quibus ut plurimùm, conjectantur ipſorum dignitates; ità quoque Chriſtianum habere vel in Veſtitu, peculiare quiddam, quo traditus ab Apoſtolo, modeſtus Ornatus conſervetur, par eſt & decorum.* pag. 568.

ſouffrir ce Cenſeur de leur Vanité & de leur Luxe, qu'elles trouvoient trop ſévère & trop importun, animèrent contre lui l'Impératrice Eudoxie, qui, étant déjà mal diſpoſée à ſon égard & entrant dans leurs vues, ſollicita & obtint de l'Empereur, un ordre qui l'exila dans un pays fort éloigné.

Les Inſtructions, dans leſquelles S. Chryſoſtome a élevé ſa voix contre la vanité des femmes, le Luxe & la ſuperfluité des Habits, ſont en ſi grand nombre, que je m'étendrois trop, ſi j'entreprenois de rapporter tout ce qu'il a dit à ce ſujet. Il faut donc néceſſairement que je me borne à quelques-uns des endroits, où il en a parlé d'une manière plus vive & plus touchante. Voici ceux qui m'ont paru plus dignes d'attention.

Dans une de ſes Homélies ſur la Genèſe (*a*), ce ſaint Docteur,

(*a*) *Hom.* 18, *in Geneſ.* tom. 3, p. 551 & 552.

expliquant l'endroit où il eſt dit (*a*) que *Le Seigneur Dieu fit à Adam & à ſa femme des Habits de peaux, & qu'il les en revêtit* (c'eſt-à-dire, qu'il commanda que ces Habits ſe fiſſent) tire cette importante morale de ce que ces Habits ne furent que de peaux, & non pas de riches étoffes, que Dieu auroit également pu former ſur le champ, pour les leur donner. « Dieu, dit-il, » voulut par ces Habits, non-ſeu- » lement ſi ſimples, mais encore » ſi vils, les faire continuellement » ſouvenir de leur déſobéiſſance » (*b*). Il a voulu nous apprendre » à ne point mener une vie molle » & voluptueuſe, mais plutôt » une vie dure & auſtère (*c*). Que

---

(*a*) Ch. 3, ℣. 21.

(*b*) *Juſſit Tunicis pelliceis veſtiri, in perpetuam inobſequentiæ memoriam.*

(*c*) *Quò docuit nos ut mollem & diſſolutam vitam fugiamus, neque inertem & remiſſam ſectemur, ſed magis auſteram amplexemur.*

» les riches écoutent bien ceci, » ajoute le saint Docteur (*a*), » & que ceux qui recherchent tant » de magnificence dans leurs Habits, nous disent pourquoi elle » leur plaît si fort. Comment ne » pensez-vous pas que la nécessité » de porter des Habits est une » grande punition de la désobéissance de nos premiers parens (*b*)? » Pourquoi n'écoutez-vous pas S. » Paul, qui vous dit (*c*) : *Ayant de » quoi nous nourrir & de quoi nous » couvrir, nous devons être contens.* (*d*) Vous voyez, par-là, que tout ce dont nous devons avoir soin, est que notre corps soit couvert, sans nous mettre en peine de la beauté & de la variété des Habits (*e*).

(*a*) *Audiant opulenti.*

(*b*) *Non cogitas pro magno supplicio, propter transgressionem Tegmen hoc excogitatum esse?*

(*c*) 1. Ep. Tim. ch. 6. ℣. 8.

(*d*) *Et quarè non audis Paulum dicentem : Habentes victum & Vestitum, illis contenti erimus.*

(*e*) *Vides unius duntaxat rei habendam*

Le même S. Docteur avertit les Fidéles dans une autre Homélie (*a*), qu'on ne peut orner tout à la fois, l'âme & le corps (*b*). Et, pour montrer, par une comparaison sensible, qu'il faut prendre beaucoup plus de soin d'orner son âme des Vertus, que son corps d'Habits éclatans, il ajoute (*c*) « Si quelqu'un vouloit orner » votre maison de Tapisseries re- » haussées d'or, pendant qu'il » vous laisseroit tout nud, ou » couvert d'Habits tout déchirés; » ne seriez-vous pas très-mécon- » tent d'une pareille conduite? » Et n'est-ce pas ce que vous faites » à l'égard de vous-même, lors- » que vous-vous appliquez

---

esse curam, videlicèt ne corpus nudum sit, sed ut tegatur, nec ampliùs de varietate Vestium esse nos sollicitos oportet.

(*a*) Hom. 69, sur S. Matth.

(*b*) *Non possumus animam simul ac corpus ornare.*

(*c*) *Ibid.* pag. 682.

» tant à parer votre corps, qui » est la maison de votre âme, & » même sa prison, comme l'ap- » pelle David, pendant que vous » laissez tranquillement l'âme elle- » même, qui est la maîtresse de » cette maison, toute couverte des » Haillons du péché.

» Comment, se demande le mê- » me S. Docteur (*a*), une Femme, » qui aime à se parer, aura-t-elle » du goût pour les objets spiri- » tuels, & aimera-t-elle à s'y » appliquer comme elle le doit (*b*)? » Combien vaudroit-il mieux nour- » rir ceux qui ont faim, que de » se faire percer les oreilles, pour » y faire pendre la nourriture de » mille Pauvres (*c*)? Cherchez-

(*a*) Hom. 89, sur S. Matth. pag. 835.

(*b*) *Cui spiritualium unquàm, ut convenit, incumbet? ....*

(*c*) *Quantò meliùs esset esurientes animas alere, quàm imam auriculam perforare, & ibi mille Pauperum alimenta frustrà suspendere?*

» vous la louange & la gloire ſoli-
» de ? Mépriſez & rejettez tout
» cet étalage de vanité, alors tout
» le monde vous admirera, & vous
» jouirez de la véritable gloire &
» d'un plaiſir pur (*a*). C'eſt l'atta-
» chement à ces vanités qui vous
» empêchent, vous & vos Maris,
» de faire les aumônes que vous
» pourriez & devriez faire (*b*).

Ecoutons encore un moment S. Jean-Chryſoſtome (*c*). Ce qu'il va nous dire eſt ſi beau, ſi convaincant & ſi touchant, que nous ne devons point nous laſſer de l'entendre. Il s'adreſſe à des perſonnes du ſexe, qui cherchent à plaire par leurs vains Ornemens, & leur parle d'une manière à faire

(*a*) *Laudem amas & gloriam ? Ergò ridiculum hunc Amictum exue; tùncque te omnes mirabuntur, tunc gloriâ & purâ voluptate frueris....*

(*b*) *Hæc vos nec-non Conjuges veſtros ad eleemoſinam erogandam inutiles reddunt.*

(*c*) Hom. 18, ſur la 1. Ep. aux Cor. tom. 10, pag. 155.

rougir celles qui n'ont pas perdu tout ſentiment de Foi. « Penſez-» vous, dit ce Père, que le Démon » eſt avec les avares, & les autres » pécheurs dont S. Paul fait l'énu-» mération dans le Chap. 6. de la » 1e Ep. aux Corinthiens ; & qu'il » ne ſoit pas avec ces Femmes & » ces Filles, qui s'ajuſtent avec » tant de ſoin pour plaire ? » Si quelqu'un veut conteſter la » vérité de ce que j'avance, qu'il » tâche de pénétrer dans l'inté-» térieur de ces Femmes qui » font paroître dans leur extérieur, » tant d'immodeſtie, & il verra » que le Démon ne poſſéde que » trop réellement leur âme. Il eſt » très-difficile, mes Frères, il eſt » très-difficile, il eſt même peut-» être impoſſible qu'une femme » qui a ſon corps ſi bien paré, » puiſſe avoir en même tems ſon » âme ornée de la piété & des » vertus Chrétiennes (*a*). Car il

(*a*) *Difficile enim eſt, Dilecti, difficile*

» faut néceſſairement qu'en pre-
» nant un ſi grand ſoin de l'un,
» on néglige l'autre. Ces deux
» ſoins ſi différens, ne peuvent
» ſubſiſter enſemble (*a*).

» Voyez-vous (dit ce S. Docteur
» dans un autre Ouvrage) (*b*),
» voyez-vous combien eſt mépri-
» ſable la gloire de ce monde,
» &, en particulier, celle qu'on
» cherche dans la magnificence des
» Habits, puiſqu'on la met dans
» ce qui eſt l'ouvrage des vers?
» Voulez-vous avoir un Habit
» vraiment magnifique, tout écla-
» tant d'or? Allez le chercher dans
» le Ciel, où il ſe fabrique. En
» effet, c'eſt de-là que *vient toute*
» *grâce excellente, & tout don par-*
» *fait*, qui font l'Ornement de l'âme.

---

eſt, imò fortaſsè impoſſibile ut ſic, ornato corpore, ſimul quoque ornetur anima.

(*a*) *Neceſsè eſt alterum negligere, eum qui alteriûs curam habet; neque enim, ex naturâ ſuâ, hæc ſimul eſſe poſſunt.*

(*b*) Hom. 2, ſur la 1. Épître à Timothée. tom. 2, p. 559.

» Cet

» Cet OR spirituel de la Vertu, » est infiniment au-dessus de l'or » matériel, que les criminels con» damnés à ravailler aux mines, » tirent des ntrailles de la terre. » Revêtons-nous donc de cette » Robe, qui n'est pas l'ouvrage de » vils esclaves, mais de Dieu » même » (*a*). Voici enfin ce que S. Jean-Chrisostome dit sur ce sujet (*b*). « A quoi sert tout cet » or dont on couvre les Habits? » Cela ne convient qu'aux Co» médiens & aux Femmes de mau» vaise vie, qui font tout ce qui » est en elles, pour être regar» dées (*c*). Laissons ces vains » Ornemens aux Femmes qui mon-

(*a*) *Stolâ illâ nos amiciamus, quam non homines & servi conficiunt, sed ipse Dominus.*

(*b*) Hom. 28, sur l'Ep. aux Hébreux, tom. 12, p. 264.

(*c*) *Quid sibi vult multum aurum? Scenicis hæc conveniunt; hæc sunt meretricum, quæ omnia faciunt ad hoc, ut spectentur.*

» tent ſur le Théâtre » (*a*). Mais » que les Femmes qui ſont véri- » tablement profeſſion de Piété, » ayent des Ornemens bien diffé- » rens. Vous avez auſſi votre » Théâtre. Quel eſt-il ? c'eſt le » Ciel & les Spectateurs qui vous » y regardent ; c'eſt un peuple » d'Anges. Que ces Spectateurs » céleſtes vous voyent donc re- » vêtus d'Habits qui leur donnent » de la joie. Et les Anges ne ſe » réjouiſſent que de ce qui plaît » à Dieu, de ce qui l'honore, » & de ce qui eſt pour le bien » des âmes, en les rendant » ſaintes ».

(*a*) *Ornetur illa quæ eſt in Scenâ. Quæ autem verè pietatem profitetur, non ſic ornetur, ſed aliter habeat Ornatum illo majorem. Habes & tu Theatrum ? Quodnam eſt tuum Theatrum ? Cœlum, populus Angelorum. Talibus induere, ut illos lætitiâ afficias.*

SECTION SECONDE.

Condamnation de l'amour des Parures & du Luxe des Habits, par les Pères de l'Eglise Latine.

POUR éviter la confusion dans le grand nombre d'autorités des Pères de l'Eglise, que j'avois dessein d'alléguer, j'ai uniquement rapporté dans la Section précédente, celles des Pères de l'Eglise Grecque. Les Pères de l'Eglise Latine, animés du même esprit & du même zèle, n'ont pas parlé avec moins de force que ces premiers, contre l'amour des vaines Parures & le Luxe des Habits.

A la tête des Pères Latins paroit Tertullien. Cet ancien Docteur de l'Eglise veut qu'on regarde les Habits (que la vanité fait rechercher & qui la nourrissent) *comme des présens du Diable*. Et, rappellant sur cela ces paroles de S. Paul aux Corinthiens, *Que nous ſerons un jour les juges des Anges mêmes*, (*a*) c'eſt-à-dire, des Démons ; « Comment (demande-t-il) oſerons-» nous monter ſur le Tribunal, » pour juger & condamner ceux » dont nous aurons reçu les » préſens (*b*)? Nos ſerviteurs » n'empruntent rien de nos enne-» mis ; & les Soldats ne déſirent » point de recevoir quelque pré-» ſent de ceux contre qui ils » doivent combatre pour le ſer-» vice de l'Empereur, à la Milice » duquel ils ſont enrôles (*c*). C'eſt » une eſpéce de trahiſon que de » prendre ce qui nous eſt préſenté

(*a*) 1. ch. 6, ℣. 3.

(*b*) *Quâ conſtantiâ Tribunal illud aſcendemus, decreturi adversus eos quorum munera appendimus?* De Cultu Fæminarum, l. 1, c. 2.

(*c*) *Servi noſtri ab inimicis noſtris nihil mutuantur; Milites ab hoſte Imperatoris ſui nihil concupiſcunt. De adverſario ejus in cujus manu ſis, aliquid uſui poſtulare tranſgreſſio eſt.* Ibid. l. 2, c. 5.

» par l'ennemi de celui ſous la dé-
» pendance duquel nous ſommes.
» Charger ſa tête des Ornemens
» de la vanité, c'eſt, ſelon le même
» Père (*a*) en faire au Démon
» une eſpéce d'Autel pour lui
» ſacrifier; car ce qu'on fait qui plait
» à l'Eſprit impur, peut être re-
» gardé comme un ſacrifice qu'on
» lui offre. J. C. a dit que
» *Perſonne ne peut ajouter à ſa*
» *taille la hauteur d'une coudée*;
» & vous, Femmes, en élévant
» vos cheveux & vos Coëffures,
» on diroit que vous voudriez
» donner un démenti à J. C.
» (*b*). On connoît à la tête
des Femmes, ſi Dieu eſt dans
leur cœur. C'eſt-à-dire, ce qui
montrera ſi elles portent Dieu

(*a*) L. 2, de Cult. Fæmin. c. 6.

(*b*) *Mirum quod non contrà Dominica præcepta contenditur, ad menſuram neminem ſibi adjicere poſſe pronuntiatum eſt, vos verè adjicitis ad pondus.*

dans leur cœur, par la préſence de ſon eſprit, ou s'il en eſt éloigné; ce ſera la modeſtie ou l'immodeſtie de leur Coëffures. (*a*) Que de perſonnes du ſexe condamne cette Sentence de Tertullien, dans ce malheureux ſiécle où l'élévation, l'immodeſtie & le ridicule des Coëffures ſont parvenus à un ſi grand excès.

Enfin Tertullien, après avoir marqué dans un aſſez long détail les Ornemens de Vanité & de Luxe qui étoint en uſage de ſon tems, & qu'il exhorte les Femmes chrétiennes à rejetter, finit ſon Traité, en leur indiquant les Ornemens ſpirituels qu'elles doivent chercher. « Ayez, dit-il, le blanc » de la ſimplicité chrétienne, & » le rouge de la pudeur. Que la » modeſtie de vos regards faſſe

---

(*a*) *Qui* (*Deus*) *ſi fuerit in pectore, cognoſcetur in capite Fæminarum.* De velandis Virginibus, c. 16, ad finem.

» l'Ornement de vos yeux, & l'a-
» mour du ſilence, celui de votre
» bouche. Que les paroles de
» Dieu, par l'attention avec la-
» quelle vous les écouterez, vous
» tiennent lieu de Pendans d'oreil-
» les. Que le joug de J. C. ſoit
» attaché à vos têtes; & par-là
» vous ſerez bien parées. Occu-
» pez vos mains à filer, ou à
» quelqu'autre ouvrage convena-
» ble à votre ſexe. Soyez, le plus
» qu'il vous ſera poſſible, ſéden-
» taires à vos maiſons, & vous-
» vous rendrez beaucoup plus ai-
» mables que ſi vous étiez toutes
» chargées d'or. Revêtez-vous de la
» ſoye de la Probité, du fin lin
« de la Sainteté, de la pourpre
» de la Chaſteté; & je vous ré-
» ponds qu'avec ces Ajuſtemens
» & ces Parfums ſpirituels, vous
» aurez Dieu même pour ama-
» teur de votre beauté (*a*) ».

(*a*) *Veſtite vos ſerico Probitatis, byſſino Sanctitatis, purpurâ Pudicitiæ; taliter*

S. Cyprien, qui appelloit Tertullien ſon Maître, a parlé comme lui avec une très-grande force, contre l'amour des Parures. « La » pompe des Habits, dit-il (*a*), & » tout ce qui ſert à relever la » beauté, n'eſt bon que pour les » Femmes impudiques & proſti- » tuées; & il n'y en a point qui » ayent plus de ſoin de ſe parer, » que celles qui en ont moins de » conſerver leur honneur. C'eſt » ainſi que Dieu, pour notre in- » ſtruction, nous repréſente dans » l'Ecriture, une Ville perdue de » débauches, comme une Cour- » tiſanne, ſuperbement vêtue, qui » doit périr avec tous ſes Orne- » mens, ou plutôt à cauſe de ſes » Ornemens ». *Un des ſept Anges*, dit S. Jean (*b*), *qui avoit les ſept coupes, vint me parler & me dit :*

---

pigmentatæ, Deum habebitis amatorem. Ibid. cap. ultim.

(*a*) De Habitu Virg. p. 70 & 71.

(*b*) Apoc. 17, ℣. 16 & ſuiv.

Venez; je vous montrerai la condamnation de la grande Proſtituée, qui eſt aſſiſe ſur la multitude des eaux, avec laquelle les Rois de la terre ſe ſont corrompus, & qui a enivré du vin de ſa proſtitution les Habitans de la terre. Alors il me porta en eſprit dans le Déſert; & je vis une Femme aſſiſe ſur une bête de couleur d'écarlate, pleine de noms de blaſphêmes, qui avoit ſept têtes & dix cornes. Cette Femme étoit revêtue de pourpre & d'écarlate, toute brillante d'or, de pierres précieuſes & de perles, & elle tenoit à la main un vaſe d'or, plein des abominations & des impuretés de ſa proſtitution. S. Cyprien, après avoir rapporté cet endroit de l'Apocalypſe, en tire cette concluſion : « Que les Filles chaſtes & pures » ayent donc honte de s'habiller » comme des Courtiſannes & des » Femmes perdues ».

Ce S. Docteur, en condamnant en général l'amour des Parures &

le luxe des Habits dans toutes ſortes de perſonnes, le repréſente comme beaucoup plus criminel en celles qui, ayant eu le malheur de tomber dans de grands péchés, ont particulièrement beſoin de pénitence, « Quoi, dit-» il (*a*), tandis qu'on déplait à » Dieu, on tâche de plaire aux » hommes par de vains ajuſte-» mens? Cette Femme-là gémit-» elle, qui s'occupe à s'habiller » ſuperbement, & qui ne ſonge » point qu'elle a perdu J. C. dont » elle étoit revêtue; qui ſe pare » d'Ornemens précieux & de ri-» ches Colliers, & qui ne pleure » point la perte qu'elle a faite des » Ornemens céleſtes & divins? » Vous avez beau vous charger » de Perles & de Diamans; ſans » les beautés de J. C. vous êtes » toute difforme. Quittez au moins » ces Vanités, pendant le tems de

(*a*) Tract. de Lapſis, p. 96.

» la douleur & des larmes (c'est » à-dire de la Pénitence.) Si vous » aviez perdu quelqu'un de vos » amis, vous ne feriez que gémir » & pleurer, vous changeriez vos » Habits, vous ne prendriez aucun » soin de votre corps ; la tristesse » seroit peinte sur votre visage, » & vous donneriez des marques » sensibles de votre affliction. Vous » avez perdu votre âme, miséra- » ble que vous êtes; vous portez » votre tombeau; vous survivez » à vous-mêmes, & vous ne fon- » dez pas en larmes ; vous ne » remplissez pas l'air de vos plain- » tes & de vos cris ? Ne devriez- » vous pas vous cacher, sinon » par regret d'avoir commis tant » de péchés, au moins par honte » d'en être si peu touchée ? Ce » dernier crime est plus grand » que le premier, de ne vouloir » pas satisfaire pour son crime, & » de ne pas pleurer ses péchês ».

Il faut joindre à ces autorités

des Pères Latins, contre l'amour des Parures, celles de S. Augustin, de S Grégoire Pape, & de S. Bernard, que j'ai rapportées (*a*) pour expliquer les Passages de l'Ecriture, qui démontrent que l'amour des Parures & le Luxe des Habits sont comdamnés par le Saint Esprit dans les Livres saints.

Je finirai cette Tradition des SS. Pères de l'Eglise Latine, par ce que dit S. Bernard, le dernier de tous, dans son *Apologie, à Guillaume* (*b*), « Lorsque » l'esprit est vain, il marque sa » vanité sur le corps; & la super- » fluité extérieure dans les Habits, » est un témoignage de sa vanité » intérieure. La molesse des Habits » fait connoître la molesse de » l'esprit. On n'auroit pas tant de » soin de parer le corps, si on » ne négligeoit pas d'orner l'âme » de Vertus ».

(*a*) Ci-dessus Chap. I.

(*b*) P. 238, au commencement du n° 26.

CHAPITRE III.

Sentimens des SS. Pères de l'Eglise sur le Fard, & les couleurs empruntées.

CONSULTONS S. Clément d'Alexandrie; il nous enseignera que, « Comme un homme à qui on » a mis un cataplasme sur la » main, ou une emplâtre sur les » yeux, fait voir par-là qu'il a » quelque mal à la main ou aux » yeux; ainsi le Fard & les Cou- » leurs empruntées, sont une » marque évidente que l'âme est » malade ». (*a*)

Tertullien, dans les deux Traités qu'il a composées sur les Ajuste-

(*a*) *Quemadmodùm manui impositum cataplasma & inuncti oculi, vel ipso aspectu, præbent morbi suspicionem, ita Fuci picturæ & colores illiti animam intrinsecùs ægrotare significant.* L. 3, de Pedagog. p. 251.

mens & les Parures des Femmes, n'a eu garde de manquer à parler contre ce qu'il y a de plus indigne de véritables Chrétiennes, dans ce qu'elles font pour se rendre plus agréables, je veux dire l'usage qu'elles font du Fard & des Couleurs empruntées. « Celles-là, dit-il, pêchent » contre Dieu, qui se fardent le » visage (*a*) : Car elles font voir » par-là, que l'ouvrage de Dieu » en elles, leur déplait, & qu'elles » trouvent à redire à ce qu'a fait » le grand Ouvrier de toutes cho» ses. N'est-ce pas en effet y » trouver à redire, que d'entre» prendre de le corriger, en y » ajoutant ce qu'elles reçoivent » d'un autre Ouvrier, son ennemi?

(*a*) *In illum* (*Deum*) *delinquunt quæ genas rubore maculant.... Ergò quod infingitur, Diaboli negotium est.... Damnatis hodiè abstinete.... Hodiè vos Deus tales videat, quales tunc videbit.* L. 2, de Cultu Fœminarum, c. 5, 6 & 7.

» Cet Ouvrier, c'eſt le Démon. » Car quel autre apprendroit à » défigurer le corps, que celui » qui, par le péché, a défiguré » dans l'âme, l'image du Créa- » teur? Cette application de Cou- » leurs étrangères ſur le viſage, » eſt donc l'ouvrage du Diable : » Combien eſt-il indigne de la » qualité de Chretienne, que celles » à qui la ſimplicité & la ſincé- » rité ſont tant recommandées, » ſe déguiſent ainſi le viſage ? » Croyez-moi, mes chères Sœurs; » comment garderez-vous les Com- » mandemens de Dieu, tandis que » vous ne voulez pas conſerver » les traits qu'il a imprimés ſur » votre viſage? .... Nous verrons » ſi, au jour de la réſurrection » générale, vous reſſuſciterez avec » ce Blanc, ce Rouge, & tout » ce vain Ornement de vos têtes; » & ſi les Anges enléveront avec » eux, celles dont le viſage eſt » ainſi peint, pour les faire aller

» dans les airs, au-devant de J. C. » Si ces chofes font bonnes & » agréables à Dieu, elles fe » trouveront auffi dans les corps, » lorfqu'ils reffufciteront ; mais » certainement elles n'auront plus » alors lieu ; & par cela même, » elles font condamnées dès-à-» préfent. Abftenez-vous donc de » ce que Dieu comdamne aujour-» d'hui. Que Dieu vous voye » telles maintenant, qu'il vous » verra alors ».

S. Cyprien a employé, pour condamner le Fard & les Couleurs empruntées, les mêmes raifons que Tertullien fon maître, « Ce font, dit-il, les Anges » apoftats qui ont appris à mettre » au vifage un Rouge trom-» peur (a) ; Dieu dit (b) : *Fai-» fons l'Homme à notre image & à*

(a) *Angeli apoftatæ genas mendacio Ruboris inficere docuerunt.* De Habitu Virginum, p. 71 & 72.

(b Gen. c. 3. ℣. 26.

» *notre ressemblance*; & on a la
» hardiesse de changer & d'altérer
» ce que Dieu a fait. N'est-ce pas
» se révolter contre lui, que de
» vouloir réformer ce qu'il a fait;
» ne considérant pas que les choses
» telles qu'elles sont naturelle-
» ment, sont l'Ouvrage de Dieu,
» & que ce qui les change, est
» l'Ouvrage du Diable? Si un ex-
» cellent Peintre, après avoir tiré le
» Portrait d'une Personne au natu-
» rel, & parfaitement exprimé
» tous les traits de son visage,
» un autre entreprenoit de mettre
» la main à son Tableau & de le ré-
» former, vous jugeriez sans doute
» que le second feroit une grande
» injure au premier, qui auroit
» raison de s'en fâcher; & vous,
» vous croyez pouvoir toucher
» à l'Image que Dieu a faite,
» sans qu'il vous punisse d'une si
» grande témérité? .... Ne crai-
» gnez-vous point qu'au jour de
» la Résurrection, votre Créateur

» ne vous reconnoiſſe plus ; & » qu'il ne vous rejette, lorſque » vous viendrez pour jouir de ſes » promeſſes & de ſes récompen- » ſes ? N'appréhendez-vous pas » qu'il ne vous diſe, d'une voix » de Juge & de Cenſeur : Ce » n'eſt pas là mon Ouvrage, ni » notre Image ; vous avez défi- » guré votre Viſage ; c'en eſt un » autre que celui que j'ai formé. » C'eſt votre ennemi qui vous a » fourni ce dont vous-vous êtes » parée ; vous brûlerez auſſi avec » lui (*a*). Ne ſont-ce pas là des » vérités auxquelles des Servantes » de Dieu doivent ſérieuſement » penſer ; & ces vérités ne ſont-elles » pas capables d'exciter en elles » une crainte, qui ne les quitte ni » le jour ni la nuit » ?

S. Jean Chriſoſtome (*b*), pro-

(*a*) *De inimico tuo compta, cum illo pariter & arſura*. De *vel.* Virg. *ut ſuprà*.

(*b*) Hom. 30, in Matth. n. 6, t. 7, p. 355.

pose, comme S. Pierre, l'exemple des Femmes les plus illustres de l'ancien Testament ; les unes étoient belles, & les autres difformes ; & il ajoute que « Quoique
» Lïa, l'une des Femmes du Pa-
» triarche Jacob, fut difforme,
» puisque l'Ecriture dit qu'*Elle*
» *étoit incommodée des yeux* &, (*a*)
» quoiqu'elle fut moins aimée de
» son Mari que Rachel, ce-
» pendant elle n'eut jamais recours
» au Fard, ni à de semblables
» artifices ; &, sans jamais emprun-
» ter ces couleurs étrangères, elle
» voulut demeurer telle qu'elle
» étoit, n'altérant en rien l'Ou-
» vrage de Dieu & de la Nature,
» quoiqu'elle eut été élevée parmi
» des Infidéles. Mais vous, Fem-
» mes chrétiennes, qui avez reçu
» le don de la Foi, qui avez
» J. C. pour chef, vous osez
» employer ces artifices, dont le

(*a*) Gen. c. 29, ℣. 17 & 30.

» Démon eſt l'inventeur ! Vous
» ne vous ſouvenez donc plus de
» cette eau divine du Baptême,
» qui a lavé & conſacré votre
» tête & votre viſage ; de cette
» Chair du Sauveur, qui a ſanctifié
» vos lévres, lorſque vous l'avez
» reçue dans l'Euchariſtie, & de
» ſon Sang, dont votre langue a
» été empourprée ? Si vous n'aviez
» point oublié toutes ces faveurs;
» quelqu'attache que vous euſſiez
» à tous les vains Ornemens, vous
» n'oſeriez faire uſage de cette
» Poudre, qui ſert à vous farder.
» Conſidérez que vous avez J. C.
» pour Epoux, & que, ne devant
» déſirer de plaire qu'à lui, vous
» ne devez avoir que de l'horreur
» pour ces Embéliſſemens ſi hon-
» teux. Car J. C. n'aime point
» ces Couleurs empruntées ; mais
» il cherche une beauté bien dif-
» férente, qu'il aime beaucoup,
» je veux dire, la beauté de l'âme.
» C'eſt cette beauté que le Pro-

» phète ordonne de chercher, » lorsqu'il dit (*a*) : *Le Roi concevra* » *de l'amour pour votre beauté.* Ne » cherchez donc point ces beau- » tés étudiées, aussi difformes » devant Dieu, qu'elles sont vai- » nes. Il n'y a dans l'Ouvrage de » Dieu rien d'imparfait, qui de- » mande que vous le réformiez. Si » quelqu'un entreprenoit de lui- » même, d'ajouter à la Statue » ou à l'Image de l'Empereur, » ce que le Sculpteur ou le Pein- » tre n'y a pas mis, & qui la » défigureroit ; il ne le feroit pas » impunément, & il se mettroit » dans un grand danger d'encourir » la disgrâce de l'Empereur, & » de ressentir les effets de sa » colère. Ce qu'on n'oseroit » pas entreprendre sur l'Image » ou la Statue de l'Empereur, » quoiqu'elle n'ait été faite que » par un homme, vous osez le

(*a*) Ps. 44, ℣. 13.

» faire ſur l'Image de Dieu, » qui eſt en vous, & dont il eſt » lui-même l'Auteur ! Vous ne » penſez donc pas au feu de » l'Enfer ; vous ne penſez donc » point à votre âme, que vous » négligez horriblement, parce » que tous vos ſoins ſe tournent » vers votre corps ».

S. Ambroiſe regarde les Couleurs empruntées, que les Femmes mettent à leurs viſages, comme ne pouvant ſervir qu'à allumer dans les autres le feu des paſſions, & comme étant la ſource d'une infinité de crimes (*a*). C'eſt, ſelon ce Père, une folie inſigne

(*a*) *Hinc illa naſcuntur incentiva vitiorum ut quæſitis Coloribus ora depingant.... Prior enim de ſe pronuntiat quæ cupit mutare quod nata eſt.... Ità, dùm aliis ſtudet placère, priùs ſibi diſplicet.... Quem judicem, Mulier, veriorem requirimus difformitatis tuæ, quàm teipſam, quæ videri times ?.... Si pulchra es, quid abſconderis ? ſi deformis, cur te formoſam eſſe mentiris?* L. 1. de Virginib, t. 2, p. 153 c. 6, n. 18.

de changer les traits naturels de ſon viſage par les Couleurs qu'on y met, parce que « Celles qui agiſ-
» ſent ainſi, prononcent contre
» elles-mêmes un jugement rigou-
» reux, en ce qu'elles ſemblent dire
» qu'elles regardent comme défe-
» ctueux en elles-mêmes, ce qu'elles
» s'appliquent à y changer. En
» cherchant donc, par les Couleurs
» empruntées, à plaire à d'autres,
» elles commencent par ſe déplaire
» à elles-mêmes. O Femme vaine!
» quel juge plus véritable pou-
» vons-nous chercher de votre
» difformité que vous-même, qui
» craignez d'être vue dans votre
» état naturel. Si vous avez de la
» beauté, pourquoi vous cachez-
» vous ſous des Couleurs étran-
» gères? Si vous n'en avez pas,
» pourquoi affectez-vous d'avoir
» une beauté qui vous manque »?

Enfin S. Jérôme, dans ſa Lettre à Læta, femme de Toxocius, entre différentes régles qu'il lui prescrit pour l'éducation de sa fille Paule, lui donne celle-ci : « Donnez-vous bien de garde de » mettre des Couleurs étrangères » sur un visage consacré à Jésus-» Christ, de peur que cette cou-» leur ne devienne pour elle un » présage des feux de l'Enfer (*a*) ».

Ce qu'on vient d'entendre dire aux SS. Pères de l'Eglise contre le Fard & les Couleurs empruntées, prouvent invinciblement que l'usage qu'un si grand nombre de personnes en font, est aussi contraire à la Religion qu'à la Raison, & que, par cet usage, on se rend très-coupable devant Dieu.

(*a*) *Cave ne Cerussâ & Purpurisso consecrata Christo, ora depingas, & ei aliquid de gehennæ ignibus auspiceris.* (Lett. 57 à Læta, tom. 4, p. 593).

CHAP. IV.

CHAPITRE IV.

Décisions des Evêques & des Conciles, contre le Luxe, l'Immodestie, la superfluité & l'amour des Parures.

RIEN de plus intéressant, que la manière dont s'énoncent les Prélats assemblés au Concile de Salisbourg, tenu sous le Pape Martin V. en 1420. « Dieu, disent » ces Pères (*a*), nous ayant » appellés pour employer nos » soins & notre sollicitude Pasto- » rale à bien gouverner son Peu- » ple, ensorte que nous arrachions » du milieu de lui les vices, & » que nous y plantions les Vertus; » nous devons en éloigner, autant » qu'il nous sera possible, tout

(*a*) Ch. 34, Conc. du P. Labbe, tom. 12, p. 321.

» ſcandale & tout mauvais exem-
»ple qui pourroit cauſer la perte
» des âmes. Or nous ſommes aver-
» tis, (ce que nous ne rapportons
» qu'avec douleur) par des plain-
» tes de pluſieurs (& nous le
» voyons même de nos yeux)
» que, dans quelques endroits de
» cette Province, les Femmes
» s'habillent d'une manière immo-
» deſte, & portent des Habits
» ſomptueux & trop recherchés,
» qui les jettent dans une trop
» grande dépenſe. Conſidérant
» donc que, de ces Vanités &
» d'autres ſemblables, il naît plu-
» ſieurs ſcandales & des maux
» ſans nombre; tels que ſont une
» grande diſſipation de biens, des
» vols & des rapines, & la vue
» dangereuſe des objets que les
» manières indécentes & immo-
» deſtes de s'habiller préſentent
» aux yeux, dans les maiſons par-
» ticulières, dans les Egliſes &
» dans d'autres lieux, & qui ne

» ſont capables que d'exciter à
» l'impureté; Voulant prévenir &
» empêcher tous ces maux, comme
» nous y ſommes obligés, de l'ap-
» probation du ſacré Concile,
» nous prions & nous conjurons
» tous les Laïcs de notre Province,
» & néanmoins nous leur com-
» mandons, ſous peine d'excom-
» munication, & en les menaçant
» de la rigueur du jugement de
» Dieu, s'ils ne nous obéiſſent
» pas, d'avoir ſoin que leurs
» femmes, leurs filles & les au-
» tres perſonnes du ſexe qui dé-
» pendent d'eux, s'habillent avec
» modeſtie, en leur défendant
» d'avoir rien de ſuperflu dans leurs
» Habits. Nous leur commandons
» encore, ſous la même peine
» d'excommunication, d'obéir à
» leurs maris, lorſqu'ils voudront
» les contenir dans les juſtes bor-
» nes où elles doivent ſçavoir ſe
» renfermer. Si elles ne ſe ren-
» dent pas à ce que nous preſcri-

» vons, nous voulons que tous » les Ecclésiastiques de notre Dio- » cèse & de notre Province, qui » ont la charge des âmes, les pri- » vent de la Communion (*a*) ».

Le Concile de Tours, tenu en 1583, s'éléve, comme celui de Salisbourg, contre les manières de s'habiller trop recherchées & immodestes. Voici ses paroles (*b*): « Comme il est indécent que des » filles & des femmes mariées, » oubliant la modestie qui con- » vient particulièrement à leur » sexe, marchent avec des che- » veux frisés, & la gorge décou- » verte, nous leur défendons de » paroître ainsi, sur-tout à l'Eglise; » car il est indigne que l'on voie » des femmes Chrétiennes (dont

---

(*a*) *Si secùs fecerint, nostris Suffraganeis & aliis Ecclesiasticis viris nostræ Diœcesis & Provinciæ, curæ animarum præexistentibus, præcipimus rebelles mulieres communione privare.* Ibid.

(*b*) Ch. 15, tom. 15, p. 1035.

» S. Paul dit qu'*elles doivent être*
» *habillées ſelon les régles de la mo-*
» *deſtie & de la chaſteté, & montrer*
» *par leurs bonnes œuvres, la piété*
» *dont elles ſont profeſſion*) s'ha-
» biller comme des femmes dé-
» bauchées. Et, ſi la manière de
» s'habiller, qui marque trop de
» moleſſe, eſt répréhenſible dans
» une femme Chrétienne, com-
» bien l'eſt-elle plus dans un
» homme, qui eſt le chef de la
» femme? C'eſt pourquoi, con-
» formément au Décret du Con-
» cile de Conſtantinople, appellé
» *in Trullo*, nous déclarons ex-
» communiées toutes celles qui,
» par l'arrangement trop étudié
» de leurs cheveux, tendent
» aux âmes des filets & des
» piéges où elles vont ſe perdre.
» Et, afin que les hommes & les
» femmes n'ignorent pas ce que
» nous ordonnons à ce ſujet, nous
» voulons que les Curés dans
» leurs Prônes, & les autres Ecclé-

» siastiques dans leurs Instructions, » parlent de temps en temps aux » Fidéles de ce que nous ordon- » nons à ce sujet, en employant » même, s'il est nécessaire, de » fortes réprimandes contre ceux » qui ne s'y conformeroient pas; » dut-on même se plaindre qu'ils se » rendent importuns par ces ré- » primandes fortes & souvent ré- » pétées (*a*) ».

S. Charles, Archevêque de Milan, dans les Instructions qu'il a données aux Confesseurs de son Diocèse, pour se bien acquitter de leur ministère, n'a pas manqué d'en donner sur la conduite qu'ils doivent tenir envers les personnes dont ils sont chargés, par rapport à leur manière de s'habiller.

(*a*) *Ne verò prohibitio nostra tùm viros, tùm mulieres lateat; hanc illis per Parochos in suis Pronis, & Ecclesiasticos in suis Concionibus, etiam cum durâ & importunâ, si opus sit, increpatione significari volumus & intimari.* Ibid.

» Parce que, dit-il (*a*), la Pompe » & les Vanités du siécle sont » montées aujourd'hui à un très- » grand excès, principalement par » la faute & la négligence des » Confesseurs, qui donnent sans » discrétion l'Absolution à ceux » & celles qui sont en faute à ce » sujet, & qui ne leur font sur » cela, comme ils le devroient, » aucune réprimande, nous expo- » serons les cas où l'on a coutume » de pécher par les Pompes du » siécle & par les Parures, afin » que les Confesseurs se condui- » sent à l'égard de ces personnes, » selon les Instructions que nous » leur aurons données. On péche » donc mortellement par l'amour » & la recherche des Parures, » lorsque par là on transgresse, & » qu'on donne à d'autres occasion » de transgresser quelque Comman-

---

(*a*) Act. Ecclef. Mediolan. part. 4, pag. 652.

» dement de Dieu ou de l'Eglise, » comme si l'on travaille & l'on fait » travailler les Dimanches & les » Fêtes; si, par le temps qu'on » employe à se parer, on manque » d'assister à la sainte Messe, ou » si on est cause que d'autres y » manquent; si, dépensant trop » pour ses Habillemens, on ne » donne point à ceux dont on est » chargé ce qui leur est nécessaire pour leur entretien & pour » leur nourriture; si ce qu'on dépense en Parures, est cause qu'on » ne fait pas les aumônes qu'on » doit faire; qu'on ne paye pas » ses dettes; qu'on en contracte » de nouvelles; qu'on n'établit » pas ses filles dans le temps convenable, d'où naissent de grands » inconvéniens. Dans tous ces cas, » l'amour des Parures est un péché mortel (a). Une femme

(a) *In iis omnibus casibus, Ornatuum usus peccatum est mortale.* Ibid.

» péche encore mortellement par » la manière de s'habiller, quoi» qu'elle ſoit en état de faire les » dépenſes qu'elle fait pour cela, » ſi cette manière de s'habiller eſt » de nature à porter à l'impureté; » ſi elle s'apperçoit que quelqu'un » eſt excité par les Parures qu'elle » porte, à concevoir pour elle » un amour impur, ou ſi, ayant » ſujet de le craindre, elle y eſt » ſi attachée, qu'elle ſe met peu » en peine du ſalut de ſon pro» chain, dont elle peut cauſer la » perte éternelle ». Que de filles & de femmes ſont dans quelqu'un de ces cas, ſans en avoir le moindre ſcrupule, & ſans que leurs Confeſſeurs leur donnent ſur cela les Inſtructions, & leur faſſent les remontrances & les réprimandes, dont elles auroient beſoin! Que ces perſonnes ſont à plaindre, d'avoir de tels Confeſſeurs! Et que ces Confeſſeurs ſont coupables!

Qu'on joigne aux témoignages de ces ſaints Evêques, ceux des Cypriens, des Auguſtins, des Grégoires, des Chryſoſtômes dont nous avons rapporté les ſentimens dans les premier & ſecond Chapitres ; quelle foule d'autorités qui ſe réuniſſent pour condamner le luxe des Habits, & l'amour des Parures. Nous pourrions ajouter à cette multitude de témoignages, celui de S. François de Sales, l'un des plus reſpectable Prélat du dernier ſiécle ; mais, comme on a eu la témérité de l'accuſer d'avoir eu trop d'indulgence pour le Luxe, nous juſtifierons ſur ce point ce ſaint Evêque dans un Chapitre entier (*a*), en expoſant au long ſes ſentimens ſur l'amour des Parures, & le luxe dans les Habits.

(*a*) Voyez le dernier Chapitre de cet ouvrage.

CHAPITRE V.

L'amour & la recherche des vaines Parures, qui est un mal en tout temps & en toutes circonstances, en est un beaucoup plus grand, lorsqu'on vient dans les Eglises avec cet étalage de Vanité. Edit à ce sujet de Clément XIV.

S. JEAN CHRYSOSTÔME enseignoit à son Peuple cette vérité dans une de ses Homélies sur l'Evangile de S. Matthieu. « Quand » vous entrez dans l'Eglise, disoit- » il, c'est alors, sur-tout, que » vous devez éloigner de vous le » Luxe & le Faste des Habits (*a*). » L'Eglise n'a pas été bâtie &

(*a*) *Quandò in Ecclesiam intras, tùm maximè ipsum amoveri oportebat. Neque enim structa fuit Ecclesia, ut ibì has divitias ostentares; sed ut spirituales divitias exhiberes.* Hom. 89, in Matth. n° 4, tom. 7, p. 837

» consacrée, pour qu'on y fasse » briller l'or & l'argent dont vos » Habits sont couverts, mais pour » qu'on y porte & qu'on y fasse » paroître les richesses spirituel- » les de la Piété & de la Vertu ».

Le S. Docteur traite encore le même sujet dans une de ses Homélies sur l'Epître aux Hébreux. « Il n'est peut-être pas étonnant, » dit-il, qu'on aille dans les Places » publiques avec ces Parures toutes » mondaines, & cet étalage de Va- » nité; mais qu'on vienne ainsi à » l'Eglise, quoi de plus ridicule (*a*)! » Car pourquoi venir avec ces » vains Ornemens dans un lieu où » l'on doit entrer pour y enten- » dre les Apôtres dire, dans leurs

---

(*a*) *Aurea Ornamenta comparare forìs non est fortasse mirùm; in Ecclesiam autem etiam eo Habitu ornatam procedere, res est valdè ridicula.... Quamobrem rogo & suadeo ut aurea Ornamenta Pompis dimittamus scenis & additamentis quæ sunt in officinis; Dei autem imago non his ornetur.* Hom. 28, in Ep. ad Hebr. t. 12, p. 266.

» Epîtres dont on fait ici la lecture, que *Les femmes ne doivent pas se parer avec de l'Or, des Perles précieuses & des Habits magnifiques.* Pourquoi donc, ô femmes, venez-vous ici avec toutes ces Parures? Est-ce donc dans le dessein de disputer, pour ainsi dire, avec S. Paul qui vous le défend; & pour faire voir que, quand il répéteroit mille fois cette défense, vous ne voulez pas vous convertir? Est-ce pour convaincre tout le monde, qu'étant chargés de vous instruire, vous êtes résolues à ne tenir aucun compte de nos Instructions? Car, dites-moi, je vous prie, si un Payen & un Infidéle entre, comme par hazard, dans l'Eglise, au moment qu'on y lit les paroles du bienheureux Paul, dans lesquelles il défend aux femmes de se parer d'or & d'argent, & d'habits précieux; & si ce Payen, ayant

» une femme fidéle, la voit re-
» chercher & prendre ces Orne-
» mens ſuperflus & tout de vanité,
» pour aller à l'Egliſe, ne dira-
» t-il pas en lui-même : Que ſe
» propoſe ma femme, que je vois
» s'occuper, dans ſa chambre,
» à ſe bien parer ? Où veut-
» elle aller ? Si c'eſt à l'Egliſe,
» pourquoi y va-t-elle ? Eſt-ce
» pour entendre ces paroles : *Ne*
» *vous revêtez pas d'Habits magni-*
» *fiques ?* Alors ne ſe mettra-t-il
» pas à rire ? Ne ſe répandra-t-il
» pas en railleries contre nos ſain-
» tes Aſſemblées ; & ne regardera-
» t-il pas ce qui s'y fait, comme
» une moquerie & un jeu de
» Théâtre. C'eſt pourquoi je vous
» conſeille, & je vous prie même
» de laiſſer toute cette vaine Pom-
» pe aux Comédiens & aux Co-
» médiennes, & aux Marchands
» qui en font trafic ; mais que
» l'image de Dieu ne ſoit point
» ainſi parée ». Ces Parures & ce

Faſte conviennent-ils à un criminel qui ſe préſente devant ſon Juge. Or c'eſt en nous conſidérant comme des criminels, que nous devons venir dans nos Egliſes, pour demander grâce, & obtenir que nous ne ſoyons pas condamnés à la mort éternelle, que nous avons méritée. La Foi doit nous faire voir Jéſus-Chriſt ſur nos Autels, anéanti dans le ſein de la pauvreté & de l'humilité, puiſqu'il n'y fait rien paroître de ſa grandeur. N'eſt-ce pas lui inſulter dans cet état d'anéantiſſement, où il veut bien être encore ſur la terre, dans le temps même qu'il jouit au Ciel de la gloire due au Fils unique de Dieu, & que ſes humiliations lui ont méritée, que de venir au pied de nos Autels, avec cet attirail d'orgueil & cette montre de richeſſes, que beaucoup de perſonnes apportent dans nos ſaints

Temples ! Ne peut-on pas penſer & dire de ces perſonnes, qu'au lieu de venir pour adorer Dieu; leur deſſein eſt plutôt d'y chercher en quelque ſorte des adorateurs, & d'attirer ſur elles l'attention & les reſpects qui ne ſont dûs qu'au ſouverain Seigneur. C'eſt dans l'Egliſe principalement qu'on doit avoir le cœur pénétré d'une ſincère douleur de ſes péchés, & percé d'une crainte ſalutaire de la juſtice de Dieu, qu'on a irrité en les commettant. Et peut-on croire que ces ſentimens ſoient bien gravés dans le cœur des perſonnes qui, avant que d'y venir, ſe parent avec tant d'art, de ſoin & de magnificence?

C'eſt pour obvier à cette profanation de nos Temples, occaſionnée par le Luxe, que le feû Pape Clement XIV. (Ganganelli) ſi connu par ſa ſcience profonde & ſon éminente piété, a fait publier l'Edit ſuivant; * Edit d'autant plus important, qu'il rappelle ceux qui ont été publiés ſur cette même matière, par deux de ſes Prédéceſſeurs, Innocent XI. & Clément XI.

ÉDIT.

MARC-ANTOINE, du Titre de Sainte Marie de la Paix, Prêtre de la Sainte Égliſe Romaine, Cardinal Colonne, Vicaire-général de Sa Sainteté, Notre Seigneur le Pape, &c.

LE zéle Apoſtolique de Sa Sainteté, Notre Seigneur le Pape CLÉMENT XIV, heureuſement régnant, n'a pu qu'être vivement touché à la vue des abus d'aujourd'hui, qui ont altéré la manière honnête & décente des Habits

* On trouvera à la fin de ce Volume cet Edit en Italien, tel qu'il a été publié par Clément XIV.

des femmes; & ſpécialement, en conſidérant que le Sexe qu'on appelle *Dévôt*, oubliant les anciennes mœurs, ne reſpecte pas même l'habitation auguſte, que le Très-Haut s'eſt formée ſur terre, pour y demeurer parmi nous, dans le Sacrement de l'Euchariſtie, & recevoir les adorations & le Sacrifice que preſcrit ſa Doctrine évangélique. Sa Sainteté connoît les Édits très-rigoureux qui ont été publiés par deux de ſes très-illuſtres Prédéceſſeurs, Innocent XI & Clément XI, ſur l'Habillement le plus décent & le plus modeſte, que les femmes doivent obſerver ſur-tout dans un lieu que la Sageſſe même appelle *la Maiſon de Prière & de Sainteté;* leur ordonnant de n'oſer y entrer qu'avec le maintien d'une modeſtie exemplaire, couvertes & voilées, ſelon le précepte du Prince des Apôtres, & du Docteur des Nations.

Sa Sainteté donc, également occupée du bien ſpirituel, & du bonheur temporel de ſes Sujets, pour ne pas attirer les effets de la rigueur, avec laquelle le Fils de Dieu s'arma contre les profanateurs du Temple, ordonne qu'aucune femme, de quelqu'état & condition qu'elle ſoit, n'oſe mettre le pied dans les Égliſes, que dans la forme d'Habillement la plus convenable & la plus modeſte, qui ne puiſſe donner aucune occaſion de ſcandale; réſervant à ſon autorité ſuprême, la punition due à qui ne ſe conformeroit pas entièrement à ſes ſaintes & religieuſes Ordonnances.

Sa Sainteté, en outre, charge les Curés, Sacriſtains, Confeſſeurs & tous autres Supérieurs de chaque Égliſe, de veiller à l'exacte obſervation du préſent Édit; Déclarant que, s'ils uſoient jamais, dans ce point, de diſſimulation & de tolérance, par quelque reſpect humain que ce ſoit, ils ſeront eux-mêmes ſoumis aux peines qu'ils mériteront, ſuivant les circonſtances.

Que les Prédicateurs, Catéchiſtes & autres Miniſtres évangéliques ne manquent pas de coopérer à une fin ſi juſte, par leurs exhortations les plus zélées. De notre côté, pour accomplir le devoir de notre charge, & les Ordres de Sa Sainteté, nous emploierons toute la vigilance poſſible, pour que l'honneur du Sanctuaire ſoit dignement reſpecté, & Sa Sainteté pleinement obéïe. Donné du lieu de notre réſidence ordinaire, le 16 de Décembre 1770. *Signé*, M. A. Card. Vicaire.

ROMUALDE, Chan. Hon. Secr.

CHAPITRE VI.

Sentimens qu'il faut avoir ſur la beauté du Corps.

COMME on ne cherche ordinairement les Parures, que pour relever la beauté du corps, ou pour ſuppléer à celle qui manque; les vérités que nous venons de repréſenter, ſemblent exiger qu'on s'applique à faire voir, & à tâcher de faire ſentir que non-ſeulement on ne doit point ſe glorifier de la beauté du corps, mais même qu'il faut la mépriſer, en la regardant comme très-dangereuſe, & ſouvent très-nuiſible à la Vertu, & pour ſoi & pour les autres.

Le Saint-Eſprit nous apprend ce qu'il faut en penſer, lorſqu'il dit, dans le Livre des Proverbes (*a*) :

(*a*) Prov. ch. 31, ℣. 30.

Les agrémens d'une femme ſont trompeurs, & la beauté eſt vaine. La femme qui craint le Seigneur eſt celle qui ſera louée..... La femme belle & inſenſée eſt comme un anneau-d'or au muſeau d'une truye (*a*). Cette femme qui, ſelon le Saint-Eſprit eſt belle & inſénſée, eſt celle dont la beauté n'eſt pas relevée par la piété, la chaſteté & la modeſtie, & qui abuſe de cette beauté, parce qu'elle en tire vanité, & qu'elle en eſt moins chaſte. Ce n'eſt pas cette femme qui eſt comparée par le Saint-Eſprit à un anneau d'or, mais la beauté dont elle abuſe. Le fond de cette comparaiſon conſiſte en ce que, comme un anneau d'or ne convient pas au muſeau d'une truye, ni ne la pare pas, de même la beauté ne convient pas à une femme *inſenſée*, c'eſt-à-dire, qui n'a pas de Piété. La

(*a*) Ibid. ch. 11. ℣. 22.

beauté ne ſied pas à cette femme, par ce qu'elle ne lui ſert qu'à offenſer Dieu, & à le faire offenſer par d'autres. L'anneau d'or qu'une truye auroit au muſeau, ne l'empêcheroit pas de s'en ſervir pour fouiller la terre, & de ſe plonger dans la boue ; & par là, elle ſaliroit cet anneau d'or, & en terniroit l'éclat. De même, une femme dans laquelle la piété, la chaſteté & la modeſtie ne ſont pas jointes à la beauté, ſe roule dans la boue des voluptés charnelles ; & par là, elle déshonore la beauté, qui, dans l'intention du Créateur, dont elle eſt un don, ne doit ſervir aux perſonnes auxquelles il l'a donnée, qu'à relever en elle l'éclat de la Vertu, comme dans Judith, Eſther & les autres ſaintes Femmes en qui elle eſt louée dans les divines Ecritures.

Les Pères de l'Egliſe ont ſouvent exhorté les perſonnes du

ſexe à ne point chercher à plaire par leur beauté; mais plutôt à la mépriſer, comme un don ſouvent plus nuiſible qu'utile. Tertullien établit ce principe, que le déſir de plaire par la beauté, dont on ſçait que la vue excite naturellement les paſſions, ne peut venir d'une conſcience pure (*a*).

Il ajoute, en conſéquence de ce principe, qu'où il y a une exacte chaſteté, la beauté corporelle ne ſert à rien; ſon uſage & ſon effet trop ordinaire étant de faire tomber dans l'impureté (*b*). « Mais » quoi! dira quelqu'un, continue » Tertullien, n'eſt-il pas permis, » en évitant l'impureté, & gar» dant la chaſteté, d'aimer la

(*a*) *Non de integrâ conſcientiâ venit ſtudium placendi per decorem, quem naturaliter invitatorem libidinis ſcimus.* L. de Cult. Fæmin. c. 2, p. 154.

(*b*) *Ubì pudicitia, ubì vacua pulchritudo; quia propriè uſus & fructus pulchritudinis, luxuria.* Ibid. c. 5.

« gloire

» gloire qui peut revenir de la » beauté & des autres avantages » du corps »? Voici sa réponse : « Que ceux, dit-il, qui croient » pouvoir se glorifier dans la » chair, le fassent, s'ils le veu- » lent. Pour nous, nous pensons » que notre soin doit être de ne » chercher en rien la gloire de » ce monde, quelle qu'elle puisse » être, parce que l'amour d'une » gloire humaine vient d'orgueil, » & que l'orgueil est contraire à » l'esprit du Christianisme qui nous » engage à être humbles, puisque » Jésus-Christ nous en fait un » commandement formel, en di- » sant (*a*) : *Apprenez de moi que* » *je suis doux & humble de cœur* (*b*). » D'ailleurs, si toute gloire qui » vient des hommes est vaine,

(*a*) Matth. c. 11, ℣. 29.

(*b*) *Exaltatio non congruit professoribus humilitatis, ex præscriptis Dei.* Tertull. ut suprà, c. 5.

» ſelon cette parole que Dieu » ordonna autrefois au Prophète » Iſaïe de faire entendre bien haut, » en lui diſant : *Criez que toute chair » n'eſt que de l'herbe ; que toute ſa » gloire eſt comme la fleur des » champs* (*a*) ; combien celle » qu'on prétend tirer de la chair » eſt-elle plus vaine (*b*) ? S'il nous » étoit permis de nous glorifier » de quelques avantages, ce ne ſe- » roit pas de ceux du corps, » mais de ceux de l'eſprit & du » cœur ; parce que nous ne de- » vons rechercher que les biens » ſpirituels. Néanmoins un Chré- » tien pourra très-légitimement ſe » glorifier dans ſa chair ; pourvû

(*a*) *Iſaïe*, C. 40, ℣. 6.

(*b*) *Si omnis gloria vana, quantò magìs quæ in carne ? Nam etſi gloriandum eſt in ſpiritûs bonis, non in carne placere debemus ; quia ſpiritualium ſectatores ſumus. Planè gloriabitur Chriſtianus etiam in carne ; ſed cùm, propter Chriſtum, lacerata duraverit, ut ſpiritus in ea coronetur.* Tertull. ut ſuprà, c. 5.

» que ce ſoit quand elle ſera miſe » en piéces pour la défenſe de la » foi de Jéſus-Chriſt, afin que » l'âme qui anime cette chair, » ſoit couronnée ».

Dans un autre Ouvrage, qui a pour titre : *De la néceſſité de voiler les Vierges*, Tertullien avance cette propoſition, que « Le déſir (dans » une perſonne du ſexe) d'attirer » ſur ſoi les regards des hommes, » n'eſt jamais chaſte; & que ce » déſir eſt inſéparable de la com- » plaiſance que l'on a en la beauté » du corps (*a*) ».

S. Cyprien donne pour raiſon (de ne point ſe glorifier de la beauté de ſon corps) que « C'eſt » un ennemi qui nous livre les » combats les plus grands & les

(*a*) *Ipſa concupiſcentia non latendi, non eſt pudica. Patitur aliquid quod Virginis non ſit, ſtudium placendi, utique & viris.* De Veland. Virginib. c. 14.

» plus dangereux (*a*). S. Paul, » continue ce S. Docteur, crie » d'une voix forte (*b*) : *A Dieu » ne plaiſe que je me glorifie en autre » choſe qu'en la Croix de J. C.* & » il ſe trouvera encore dans l'E- » gliſe, des perſonnes qui ſe glo- » rifieront de la beauté & des » autres avantages du corps ?.... » Il ne ſied à aucun Chrétien de » faire état de la beauté du corps ; » il ne doit aimer que la parole » de Dieu, & n'embraſſer que » des biens qui demeurent éter- » nellement (*c*) ».

La ſeule beauté digne de notre eſtime & de nos déſirs, eſt la béauté de l'âme, qui n'eſt

---

(*a*) *Neque fas eſt de carne & de ejus pulchritudine gloriari, cùm nulla ſit magìs quàm adversùs Spiritum colluctatio.* Cypr. de Hab. Virg. p. 69.

(*b*) Gal. c. 6, ℣. 14.

(*c*) *Nèminem chriſtianum decet claritatem ullam computare carnis & honorem ; ſed ſolùm appetere ſermonem Dei, bona in æternum manſura.* Cypr. ut ſuprà.

autre que la ſainteté , dont les différentes vertus ſont comme les différents traits. Les SS. Pères ont ſouvent repréſenté cette vérité aux perſonnes du ſexe, dont un grand nombre fait trop d'eſtime de la beauté qui frappe les yeux.

Nous exhortons celles qui eſtiment tant ce qui eſt beau, à faire attention au diſcours ſuivant de S. Jean-Chryſoſtôme ; elles y apprendront quelle eſt la beauté qui doit être l'objet de leur recherche. « Voulez-vous être » belles, dit ce S. Docteur (*a*)? » Je le veux bien auſſi, pourvû » que ce ſoit de cette beauté dont » il eſt dit dans le Pſ. 44. *Le Roi* » *aura de l'amour pour votre beauté.* » Dites-moi de qui voulez-vous » être aimée? Eſt-ce de Dieu ou » des Hommes? Si vous avez cette » beauté ſpirituelle dont je parle,

(*a*) Hom. 28, in Epiſt. ad Hebr. t. 12, p. 268.

» Dieu vous aimera. Mais au con-
» traire, si vous ne l'avez pas,
» Dieu vous aura en horreur, &
» vous ne serez aimée que par des
» pécheurs..... A qui pouvez-
» vous comparer celle qui est ai-
» mée de Dieu? C'est aux Anges
» mêmes avec qui elle entre en
» société, & ne forme qu'un
» même cœur, parce qu'elle
» en imite la pureté. Si, dans le
» siécle, on reléve beaucoup le
» bonheur d'une personne qui a
» gagné le cœur du Roi, combien
» est plus grand le bonheur de
» celle qui est aimée de Dieu
» même? Rien de ce qu'il y a sur
» la terre de plus précieux, n'est
» digne d'elle. Cherchons donc
» cette beauté spirituelle qui fait
» arriver au Ciel, & qui introduit
» dans les Tabernacles éternels.
» Cette beauté est toujours floris-
» sante; & vous n'avez point à
» craindre que rien ne l'altère. La
» vieillesse ne lui cause point de

» rides qui la défigurent; les plus » grandes maladies ne lui ôtent » rien de ſon éclat; les ſoins & » les inquiétudes de l'eſprit ne la » terniſſent point; en un mot » aucun accident de la vie ne peut » lui nuire. Attachons-nous donc » à elle, afin que, lorſque ce cri: » *Voici l'Epoux qui vient*, ſe fera » entendre, nous puiſſions aller » au-devant de lui, avec des lam» pes allumées, & que nous » ſoyons jugés dignes d'entrer dans » la ſalle du feſtin des nôces ».

Le même S. Jean-Chryſoſtôme, parlant des perſonnes en qui la Vertu n'eſt point jointe à la beauté, les compare à des ſépulchres blanchis, qui au-dehors ſont beaux, & qui au-dedans ſont pleins de corruption (*a*).

S. Ambroiſe s'eſt appliqué, comme S. Jean-Chryſoſtôme, à relever

(*a*) L. 1, ad Theodorum Lapſum, t. 1, p. 23.

la beauté que la Vertu met dans l'âme; & il fait voir qu'elle eſt beaucoup au-deſſus de celle du corps; en diſant de cette beauté ſpirituelle, que *l'âge ne l'efface pas*; que *la maladie ne l'altère pas*; que *la mort même ne peut l'ôter*. Et il tire de-là cette concluſion : « Ne » déſirez pour témoin & pour juge » de votre beauté, que Dieu qui » aime les belles âmes dans les » corps les plus difformes (*a*) ».

S. Jerôme, dans une Lettre à la Vierge Démétriade, lui donne cet avis : « Une fille qui doit » vous paroître belle, aimable » & digne de votre compagnie, » eſt celle qui ne ſe pique point » de beauté; qui, ſi elle en a, » ne le ſçait pas, par le peu » d'attention qu'elle y fait; &

(*a*) *Solus formæ arbiter petatur Deus, qui etiam in corpore minùs pulchro, diligit animas pulchriores.* Lib. de Virginib. c. 6, n. 3, t. 2, p. 154.

» qui néglige tout ce qui sert » à en relever l'éclat (*a*) ».

On voit dans la Vie de plusieurs Saintes, que non-seulement elles n'ont point désiré de plaire par leur beauté; mais qu'elles l'ont même craint, de peur que leur chasteté & celle des autres ne fût en peril. S. Ambroise, rapportant le Martyre de Ste Agnès, Martyrisée à l'âge de 12 ans, dit que cette Vierge, s'appercevant qu'on la regardoit avec des yeux de concupiscence, s'écria : « C'est faire injure » au céleste Epoux, que de » chercher à plaire à quelqu'autre » qu'à lui (*b*). Celui qui m'a choisi

---

(*a*) *Illa tibi sit pulchra, illa amabilis, illa habenda inter socias, quæ se nescit esse pulchram, quæ negligit formæ bonum.* Ep. 97, t. 4, p. 795.

(*b*) *At illa : Hæc Sponsi injuria est, expectare placiturum.... Qui me sibi prior elegit, accipiet.... Quid, percussor, moraris?.... Pereat corpus quod amari potest*

» le premier, pour que je fusse » son épouse, aura la préférence » sur tout autre. Bourreau, » pourquoi diffères-tu à me por- » ter le dernier coup ? Périsse » un corps qui peut plaire à » des yeux à qui je n'ai nul » dessein de plaire ».

S. Isidore de Peluse, qui a été le plus sçavant & le plus célébre des Disciples de S. Jean Chrysostôme, raconte, dans une de ses Lettres, l'Histoire suivante, qu'il qualifie de *très mémorable* ; & qu'il dit avoir apprise d'*un homme très-digne de foi*. « Un jeune » homme, dit-il (*a*), fort porté » à l'impureté, & esclave de » l'amour des femmes, ayant vu » un jour une Vierge qui étoit » très-belle, & ayant conçu pour » elle une violente passion, tenta

---

oculis quibus nolo. De Virginib. t. 1, c. 2, n. 9, t. 2, p. 148.

(*a*) L. 2, Epist. 52.

» tous les moyens qu'il put ima-
» giner pour la séduire. Cette
» Vierge, qui étoit d'une naiſ-
» ſance illuſtre, réſiſta, ſans le
» moindre délai & très-fermement,
» à ſes ſollicitations; parce qu'elle
» étoit auſſi chaſte qu'elle étoit
» belle, & qu'elle avoit promis
» à Jéſus-Chriſt de ſe conſerver
» pour lui, entièrement pure
» d'eſprit & de corps. Voyant
» que la paſſion de ce jeune
» homme étoit ſi violente, qu'elle
» alloit juſqu'à la fureur (ce
» ſont les termes de S. Iſidore)
» elle imagina un moyen qu'elle
» crut propre à éteindre en lui
» le feu de la paſſion qui le dévo-
» roit, & à conſerver en elle
» une chaſteté toujours inviolable.
» Ce moyen fut de ſe couper
» les cheveux, qui faiſoient un
» de ſes plus beaux ornemens,
» & même de ſe raſer entièrement
» la tête; enſuite elle délaya de
» la cendre dans de l'eau, & elle

» en couvrit ſon viſage. Alors pa-
» roiſſant en cet état devant ce
» jeune-homme, elle lui dit :
» Eſt-ce là ce que vous aimez ?
» Il fut ſi touché de cet exemple,
» que, rentrant en lui-même,
» non-ſeulement le feu de la paſſion
» qui le tranſportoit, s'éteignit
» entièrement en lui, mais qu'il fut
» même embrâſé de l'amour le plus
» ardent pour la chaſteté (*a*) ».

Si l'on n'exige pas de celles à qui Dieu a donné de la beauté, qu'elles ſe défigurent ainſi ; du moins doivent-elles ſe croire obligées à être très-indifférentes ſur les avantages corporels qui les diſtinguent de pluſieurs autres ; à ne point s'en occuper en elles-mêmes ; à n'entendre qu'avec peine les louanges ou les complimens qu'ils peuvent leur attirer ; &

(*a*) *Ille verò, tanquàm ex furore revocatus, non modò libidinis ignem extinxit, verùm etiam ingenti poſteà caſtitatis amore flagravit.* Ibid.

ſur-tout à ne rien faire pour relever l'éclat d'une beauté qui les expoſe à de plus fréquentes & de plus grandes tentations, & dont le Démon ne ſe ſert que trop ſouvent pour perdre un grand nombre d'âmes. C'eſt ici le lieu de recommander particulièrement aux perſonnes qui font profeſſion de Piété, de ne jamais prodiguer leurs louanges pour des avantages auſſi frivoles que ceux du corps, de peur que leurs diſcours n'excitent d'autres à les eſtimer & à s'y attacher.

CHAPITRE VII.

Motifs pris du fond de la Religion, dont la considération est très-propre à inspirer le mépris des Parures, & à faire éviter le Luxe des Habits.

LE premier Motif propre à porter au mépris des Parures, est l'origine du besoin que nous avons d'Habits. D'où vient ce besoin? Tout le monde sçait qu'Adam & Eve étoient nuds dans l'état d'innocence, & ne rougissoient point de leur nudité; parce qu'alors tout en eux, étant l'ouvrage de Dieu, & par conséquent saint & pur, il n'y avoit rien dans leurs personnes dont ils eussent sujet de rougir. Mais, aussi-tôt qu'ils eurent péché, ils s'apperçurent de leur nudité, & en eurent honte; parce que le péché fit entrer la concupiscence dans leurs âmes,

& qu'en punition de leur révolte contre Dieu, la chair ne fut plus ſoumiſe à l'eſprit, comme elle l'avoit été juſqu'alors. La néceſſité de porter des Habits eſt donc un témoignage toujours ſubſiſtant de notre dégradation & de notre misère. Ils ſont la livrée du pécheur, & comme de miſérables haillons qu'il a fallu que nous prenions, dès que nous avons été dépouillés par le Démon, du riche vêtement de l'Innocence. Les Habits que Dieu donna à Adam & à Eve, après la perte de ce riche vêtement, étoient faits de peaux de bêtes; afin qu'ils ſe ſouvinſſent qu'ayant été créés à l'image de Dieu, ils s'étoient rabaiſſés volontairement juſqu'à la condition des bêtes, en recherchant, comme elles, les plaiſirs des ſens; au lieu que, peu auparavant, ils ne goûtoient que des plaiſirs tout ſpirituels, qu'ils ne cherchoient & ne pouvoient trouver qu'en Dieu.

Qu'eſt-ce donc que mettre ſa gloire dans ſes Habits, ſinon la mettre dans ſa propre confuſion ? Pour éviter cet étrange renverſement, dans quel eſprit devons-nous prendre nos Vêtemens, chaque fois que nous-nous habillons ? Nous devons les prendre dans le même eſprit de confuſion & de pénitence, dans lequel Adam & Eve reçurent les Habits de peaux, que Dieu leur donna, après leur péché.

C'eſt ce qui a fait dire à Tertullien, au commencement de ſon premier Livre *De l'Habillement des femmes*, en adreſſant la parole à celles d'entr'elles qui ſont attachées aux Parures : « Si l'on avoit » autant de Foi ſur la terre, qu'on » attend de récompenſe dans le » Ciel, je ſuis perſuadé, mes très- » chères Sœurs, que non-ſeule- » ment il n'y en auroit pas une » d'entre vous qui cherchât des » Habits précieux & éclatans ;

» mais que chacune chercheroit
» plutôt d'elle-même, & autant
» qu'elle le pourroit, les Habits
» les plus vils, ne pensant qu'à
» montrer en elle une Eve péni-
» tente & affligée ; afin d'expier
» par cet extérieur pénitent, &
» de réparer ce qu'elle a tiré d'Eve
» pécheresse; je veux dire la honte
» d'avoir été la cause du premier
» péché qui a été commis dans le
» monde, & de la perte du genre
» humain. En effet les femmes
» éprouvent tous les jours ce que
» Dieu dit à la première d'entre
» elles, après lui avoir reproché
» sa désobéissance (*a*). *Je vous*
» *affligerai de plusieurs maux, pen-*
» *dant votre grossesse; vous ne met-*
» *trez des enfans au monde qu'avec*
» *douleur, & votre mari vous do-*
» *minera.* Ne sont-elles pas comme
» forcées, par ces paroles, de se
» reconnoître pour autant d'Eves?

(*a*) Gen. ch. 3, ℣. 16.

» Quoi, femme vaine & mondaine, tu es comme la porte du » Démon, puiſque c'eſt par toi » qu'il eſt entré dans le monde, » pour y régner! Tu as reçu de » lui, pour notre perte, le fruit » défendu; tu as la première abandonné la loi de Dieu; tu as ſervi « d'inſtrument au Démon, pour » faire tomber celui qu'il n'avoit » pas oſé attaquer directement! » C'eſt par toi que, ſans que tu » lui ais fait une grande réſiſtance, il a effacé dans l'homme les » beaux traits de l'image de Dieu, » à laquelle il avoit été créé! C'eſt » ton péché qui a cauſé la mort » du Fils de Dieu, & tu penſes » encore à te parer (*a*)! Je ne » crois pas que, quand même les » vains Ornemens que les femmes » recherchent aujourd'hui auroient » été connus alors; Eve, chaſſée

(*a*) *Adornari tibi in mente eſt?* De Cult. Fæmin. l. 1, ch. 1.

» du Paradis terrestre, & condam-
» née à la mort, les eût désirés.
» Les femmes ne doivent pas non
» plus les désirer maintenant, si
» elles veulent faire revivre en
» elles Eve pénitente (*a*) ».

Le deuxiéme Motif propre à porter au mépris des Parures, & à faire éviter le Luxe des Habits, est que l'amour des Parures & le Luxe des Habits sont un violement formel des vœux que nous avons faits à notre Baptême; puisqu'en y renonçant au Démon, nous avons aussi renoncé à ses pompes, qui sont les maximes & les Vanités du monde. Par une suite de ce renoncement, un Chrétien doit pratiquer ce que dit l'Apôtre S. Jean (*b*): *N'aimez point le monde, ni ce qui est dans le monde;* & l'attachement aux vaines Parures

---

(*a*) *Ergò nec nunc appetere debet, aut nosse, si cupit reviviscere, quæ nec habuerat nec noverat, quandò vivebat.* Ibid.

(*b*) 1 Epist. c. 2, ℣. 5.

n'eſt-il pas évidemment un effet & une ſuite de l'amour du monde; puiſqu'on n'y eſt attaché, que pour lui plaire, pour s'y diſtinguer & s'en faire aimer.

C'eſt donc, quoiqu'on puiſſe dire, renoncer réellement à ſon Baptême, que d'avoir cet empreſſement qu'ont beaucoup de perſonnes, de ſuivre les modes que la Vanité a inventées & invente tous les jours, & qu'elle ſoutient. C'eſt violer le pacte qu'on a fait avec J. C. & ſans lequel on n'auroit jamâis été reçu dans ſon Égliſe. C'eſt malheureuſement quitter le parti de ce Dieu Sauveur, qui a marché par la voie de l'humilité, de la modeſtie & de la mortification, pour ſuivre celui de ſon ennemi, qui eſt le Démon, que J. C. appelle pluſieurs fois le *Prince du monde*, parce que c'eſt lui à qui obéiſſent le monde & ceux qui le ſuivent. Si on a quelque reſte de Foi, peut-on ſe perſuader qu'on n'eſt pas coupable, en tenant une telle conduite? Et des Miniſtres de J. C. & ſur-tout des Paſteurs & des Confeſſeurs, qui ſont par état chargés de faire obſerver les régles de l'Évangile, peuvent-ils, ſans être infidéles à leur miniſtère, laiſſer les perſonnes qu'ils ont à conduire, violer, ſi ouvertement & ſi tranquillement, les vœux de leur Baptême?

Le troiſiéme Motif de n'aimer pas les Parures, eſt que nous ne ſommes ici bas que des *Voyageurs* & des *Soldats* enrôlés dans la milice de J. C. pour combattre ſans ceſſe le Démon. S. Pierre parle de notre qualité de *Voyageurs*, lorſqu'il dit (*a*): *Je vous exhorte, mes Bien-aimés, à vous abſtenir, comme des Étrangers & des Voyageurs en ce monde, des déſirs charnels, qui combattent contre l'âme.*

(*a*) 1. Epiſt. c. 2, ℣. 11.

Or on sçait qu'un Voyageur ne se charge, pendant son voyage, que de ce qui lui est absolument nécessaire, afin de marcher plus facilement.

S. Paul nous engage, de son côté, à nous considérer toujours ici bas comme des *Soldats* qui ont à soutenir une guerre continuelle, lorsqu'il écrit aux Éphésiens (*a*) : *Nous avons à combattre, non contre des hommes de chair & de sang ; mais contre les Principautés, contre les Puissances, contre les Princes du monde, contre les esprits de malice répandus dans l'air.* Le saint homme Job avoit dit, long-temps avant le grand Apôtre (*b*) : *La vie de l'homme sur la terre, n'est-elle pas une guerre continuelle ?* Dans cette guerre continuelle des démons contre nous, ils en veulent, non à notre vie,

---

(*a*) Ch. 6, ℣. 12.

(*b*) Ch. 7, ℣. 1.

ni à nos biens temporels; mais à notre âme, qu'ils s'efforcent de faire tomber dans le péché, afin de la rendre éternellement malheureuse avec eux. Or un Soldat qui ne penseroit qu'à se parer, & qui négligeroit d'observer les démarches de l'ennemi, & de se revêtir de toutes les armes propres à s'en rendre victorieux, ne seroit-il pas bientôt vaincu. C'est ainsi que le démon se rend facilement maître des personnes qui, toutes occupées de leurs Parures, loin d'employer contre lui, les armes spirituelles, que S. Paul indique dans le Chap. 6. de son Épitre aux Éphésiens; & dont les principales sont la vigilance, la prière, la lecture & la méditation de la parole de Dieu, leur fournissent même, par les Parures trop recherchées, des armes contre elles-mêmes & contre d'autres.

Le quatriéme Motif qui doit détourner de l'amour des Parures, est

que cet amour eſt contraire à toutes les Vertus chrétiennes, & particulièrement à l'humilité & à l'eſprit de pénitence. En effet à quoi porte l'humilité ? Elle porte à déſirer d'être inconnu au monde & même à en être oublié; &, au contraire, ce n'eſt que pour ſe relever & ſe faire remarquer qu'on cherche à ſe parer.

Quels ſentimens l'eſprit de pénitence inſpire-t-il ? Il inſpire une ſainte haine de ſoi-même, par la conſidération de ſes injuſtices, de ſes infidélités & de ſes ingratitudes envers Dieu; l'amour des Parures au contraire, n'a pour principe qu'un attachement déréglé & exceſſif à ſa propre perſonne. Un vrai Pénitent gémit continuellement au ſouvenir de ſes péchés; il les pleure; il s'applique à mortifier ſon corps, pour le punir d'avoir trop ſouvent ſervi d'inſtrument au péché. Mais quels gémiſſemens peuvent ſortir du cœur d'une perſonne qui, toute occupée du ſoin de parer ſon corps, & qui oubliant entièrement, ou preſque entièrement, ſon âme, n'en connoît pas, & en ſent encore moins les maux ou les dangers? Lorſqu'on eſt animé de l'eſprit de pénitence, bien loin de s'accorder jamais rien de ſuperflu, on ſe réduit, autant qu'on peut, au plus ſimple & au plus étroit néceſſaire; & l'amour des Parures en fait rechercher de ſuperflues. Quoi donc de plus oppoſé à l'eſprit de pénitence? Pour le mieux ſentir, qu'on rapproche cette conduite de celle des anciens pénitens qui ſe couvroient de ſacs, de cendre & de cilice, pour ſatisfaire à la juſtice de Dieu; ce ſont-là les marques & les Ornemens de la pénitence, & non les Parures du ſiécle.

Le 5e Motif de n'aimer point les Parures, eſt que cet amour fait perdre beaucoup de temps, par celui qu'on employe à ſe parer. Et qui a-t-il que nous ayons plus d'intérêt de ménager que le temps; puiſqu'il ne nous eſt donné que pour travailler à la plus importante de toutes les affaires, qui eſt celle du Salut? Cependant on s'en joue; on employe un temps conſidérable au ſeul arrangement de ſes cheveux; &, par-là, on prodigue la chôſe la plus néceſſaire à la chôſe la plus inutile. C'eſt ſur-tout à la Parure de leurs têtes, que les femmes & les filles mondaines donnent plus de temps, ne voulant pas qu'un cheveu paſſe l'autre. Eſpéce de vanité que les motifs de Religion doivent engager les perſonnes du ſexe à éviter avec plus de ſoin; parce que cette partie du corps, qu'on s'applique tant orner, a été principalement conſacrée à Dieu & à la Modeſtie par les Onctions ſacrées & myſtérieuſes que tout le monde ſçait qui ſe ſont au Baptême & à la Confirmation. Ces Onctions ſe font ſur la tête, qui eſt le ſiége de tous les ſens, pour montrer qu'elle eſt totalement conſacrée aux actions de Prudence, de Sageſſe & de Sainteté; qu'il ne doit y avoir en nous rien de léger & d'humain; & que tout doit y être gouverné par l'eſprit de la divine Sageſſe. En effet quoi de plus contraire à cette ſainte & auguſte conſécration, que la légèreté de ces femmes qui employent tout leur temps, tous leurs ſoins & tout leur eſprit, à profaner leur tête par des Ornemens ſi peu conformes à la ſageſſe & à l'humilité de J. C. que ceux qu'elles affectent d'y porter? Comment pourra-t-on remarquer, ſous ces vains Ornemens, le ſacré caractère du Chriſtianiſme, imprimé au Baptême dans l'âme de ces perſonnes qui ſe diſent Chrétiennes, & qui, par l'immodeſtie de leurs coëffures, le paroiſſent ſi peu?

Le 6e Motif de ne point aimer les Parures, eſt que cet amour empêche les femmes qui en ſont dominées, de remplir les devoirs de leur état, tel que le ſoin de leurs enfans, & le gouvernement de leur Maiſon, dont elle ſe repoſent ſur des Domeſtiques, pour donner toute leur application au ſoin de ſe parer. Lorſque le Saint-Eſprit fait, dans le Livre des Proverbes (*a*), le portrait de la Femme forte, digne de la confiance de ſon mari, de ſes louanges, & de celles de ſes enfans, il la repréſente *ſe levant dès le matin, travaillant avec des mains ſages & ingénieuſes; ſe faiſant, par ſon travail, des meubles de tapiſſerie, & donnant à ſes Domeſtiques un double vêtement.* Ne voit-on pas tout le contraire

(*a*) Ch. 31, ℣. 10, juſqu'à la fin.

dans les femmes dont tout le ſoin eſt de ſe parer, & d'aller enſuite étaler leur vanité, dans les cercles & les compagnies du monde? De telles femmes, bien loin de procurer, comme la Femme forte, le bien de leur Maiſon, trop ſouvent la ruinent par leurs folles dépenſes. Au lieu d'être la joie, la conſolation & le ſoutien de leur mari & de leur famille, elles leur ſont extrêmement à charge. Ce ſont elles que le Prophête Amos a voulu marquer par ce langage figuré (*a*) : *Écoutez ceci, Vaches graſſes, qui opprimez les foibles par la violence ; qui réduiſez les pauvres en poudre, & qui dites à vos Seigneurs : Apportez ;* c'eſt-à-dire, qui contraignez en quelque ſorte vos maris par vos folles dépenſes, à chercher dans l'oppreſſion des pauvres, & par différentes injuſtices qu'ils com-

(*a*) Ch. 4, ℣. 1.

mettent, de quoi ſatisfaire votre vanité & votre Luxe.

Enfin, un 7e & dernier motif de ne point rechercher les vaines Parures, que j'ai déjà pluſieurs fois inſinué, eſt que celles qui les recherchent tendent par ces Parures des piéges aux âmes, en attirant ſur elles les regards des hommes, & ſur-tout des jeunes-gens, & que ces regards ſont pour eux, une ſource de tentations & de mauvais déſirs, auxquels ils ne ſuccombent que trop ſouvent. N'eſt-ce pas ce que le Saint-Eſprit fait clairement entendre par cet avis, qu'il donne dans le Livre de l'Eccléſiaſtique (*a*): *Détournez vos yeux d'une femme parée, & ne regardez pas curieuſement une femme étrangère.* On ſçait que J. C. a dit en genéral (*b*): *Quiconque regarde une femme avec*

(*a*) Ch. 9, ℣. 8.
(*b*) Matth. c. 5, ℣. 28.

un mauvais désir pour elle, a déjà commis l'adultère dans son cœur. Mais le Saint-Esprit dit en particulier, qu'*il faut détourner sa vue d'une femme parée*, parce que ses Parures sont comme une amorce qui attire à elle, & qui fait que le cœur s'y porte & s'y attache plus facilement. Or, si la vue des femmes parées est en elle-même si dangereuse, combien l'est-elle infiniment plus, lorsqu'aux Parures trop recherchées, elles joignent encore le criminel usage, aujourd'hui si commun, de n'être pas aussi exactement couvertes, que la modestie l'exige. Il n'est pas bien-séant, dit S. Clément d'Alexandrie, qu'une femme paroisse découverte dans aucune partie d'elle-même (*a*). Hélas! souvent la vue des personnes même les plus

(*a*) *Nullam partem fœminæ nudari decorum est.* L. 2, de Pedagog. n. 238.

modeſtes, dans leur contenance & dans leur manière de s'habiller, eſt capable d'exciter dans ceux qui les voyent, des déſirs criminels, s'ils les regardent trop attentivement; que ne peut donc pas la vue de celles qui font voir en elles, ce que la modeſtie doit tenir très-exactement couvert & caché, & qui cherchent à plaire par des Parures trop recherchées! J. C. dit (*a*) : *Si quelqu'un eſt un ſujet de ſcandale & de chûte à un de ces petits qui croyent en moi, il vaudroit mieux pour lui qu'on lui pendît au cou une meule de moulin, & qu'on le jettât au fond de la mer.* Comme c'eſt un grand honneur pour une Créature, que Dieu la rende l'inſtrument du ſalut des autres; c'eſt auſſi le ſouverain déshonneur que de ſervir d'inſtrument au démon, pour perdre les âmes. C'eſt ſe

(*a*) Matth. c. 18, ℣. 6.

lier avec lui, & par conſéquent s'engager aux ſupplices qui lui ſont deſtinés. Cependant, pour combien d'âmes, un grand nombre de femmes & de filles, ſont-elles un ſujet de chûte & de ſcandale, par la vanité & l'immodeſtie de leurs Habillemens? Peut-on en douter, quand on fait la plus légère attention, à quelles perſonnes du ſexe, les jeunes-gens ſur-tout s'attachent davantage; à qui ils tiennent les diſcours les plus licencieux; & avec qui ils ſont plus portés à prendre des libertés criminelles? Ne ſont-ce pas à celles qui ſont parées avec plus d'art, & qui ſont le plus immodeſtement habillées? Quoi! la vue d'un tableau ou d'une ſtatue immodeſte eſt capable de faire les plus funeſtes impreſſions ſur ceux qui y arrêtent trop les yeux; & l'on n'aura pas la bonne foi de convenir que rien n'eſt plus capable de donner des mauvaiſes penſées, d'inſpirer de mauvais déſirs, & de porter au péché, que la vue d'une perſonne qui n'obſerve pas, dans la manière de s'habiller, les régles les plus exactes & les plus ſévères de la modeſtie? Fermer ainſi volontairement les yeux à la lumière de la Vérité, c'eſt viſiblement s'expoſer à être condamné au tribunal de cette ſainte Vérité, lorſqu'elle viendra juger tous les hommes, & rendre à chacun ſelon ſes œuvres.

Les SS. Docteurs de l'Égliſe n'ont pas manqué d'employer cette conſidération des ſujets de ſcandale & de chûte qu'on donne aux âmes, par la vanité des Parures, & l'immodeſtie dans la manière de s'habiller, pour en détourner les Perſonnes du ſexe.

S. Cyprien leur dit en termes exprès (*a*) : « Si vous-vous

(*a*) De Hab. Virginum, p. 70.

» coëffez ſuperbement; ſi, paroiſ-
» ſant ainſi en public, vous atti-
» rez les regards de jeunes-gens;
» & ſi vous allumez en eux le
» feu de la concupiſcence, vous
» êtes pour leur âme, plus dan-
» gereuſe que le fer & le poiſon
» ne le ſeroient pour leur corps
» (*a*). Et ainſi vous ne pouvez
» vous excuſer en aucune ſorte;
» & vous ne devez pas croire
» que vous ayez l'eſprit & le
» cœur purs, puiſque vos Orne-
» mens laſcifs & impudiques, vous
» convainquent du contraire ».

S. Jean-Chryſoſtôme décide, auſſi clairement & auſſi fortement que S. Cyprien, que « Les per-
» ſonnes du ſexe, qui, par des
» Parures trop recherchées, atti-

(*a*) *Velut gladium & venenum te videntibus præbes. Excuſari non potes, quaſi mente caſta ſis & pudica; redarguit te Cultus improbus, & impudicus Ornatus.* Ibid.

» rent ſur elles les regards des
» hommes, ſont les meurtrières
» des âmes; & qu'à cauſe des ho-
» micides ſpirituels qu'elles ſe met-
» tent en danger de commettre,
» elles ſeront un jour condamnées
» aux plus rigoureux ſupplices,
» quand même elles n'auroient
» fait tomber perſonne dans le
» péché (*a*) ». Ce ſaint Docteur
prouve la vérité de ſa déciſion,
en ajoutant : « Elles ont préparé
» le poiſon; elles l'ont compoſé;
» elles n'avoient plus qu'à le pré-
» ſenter à boire ; ou plutôt elles
» l'ont offert, quoique perſonne
» ne ſe ſoit préſenté pour le
» prendre (*b*) ».

(*a*) *Si qua ità ſe exornat, ut omnium oculos ad ſe convertat ; etiamſi nullum obvium confoderit, extremas dabit pœnas.* Hom. 17, in Matth. tom. 7, p. 225.

(*b*) *Pharmacum enim apparavit, & virus compoſuit ; etſi nemini poculum porrexerit ; imò porrexit, etſi nemo qui biberet, acceſſerit.* Ibid.

Ce Saint parle encore ailleurs, avec plus d'étendue, contre les personnes du sexe, qui, par leur faute, sont pour les hommes une occasion de péché. C'est dans un Traité qu'il a composé contre plusieurs Vierges de son temps, qui vivoient familièrement avec des hommes qu'elles recevoient chez elles, & qui y passoient toutes les journées, sous prétexte d'avoir besoin d'eux, pour le service de leur maison. Ce Traité a pour titre : *Les Femmes Régulières* (c'est-à-dire, les Personnes du sexe qui se sont consacrées à Dieu par la Virginité) *ne doivent point habiter avec les hommes.* Après que ce Saint a fait remarquer à ces Vierges, que, quoiqu'elles ne s'abandonnent pas à ces hommes par l'action extérieure du crime, *elles sont toujours très-coupables dans leur âme & devant Dieu, d'être pour eux une occasion de tentation & de péché, par les mauvais désirs, qu'il est comme impossible qu'une manière si familière de vivre ensemble, ne produise point.* Outre le danger auquel s'exposoient ces Vierges, qui avoient si fréquemment & si long-temps dans leur maison des hommes, elles s'habilloient encore d'une manière très-mondaine &, par-là, très-opposée à la sainteté de leur état. Et c'est sur cela que S. Jean-Chrysostôme leur dit (*a*) : « Comment pouvez-vous prétendre être exemptes de péché, » lorsque vous en occasionnez » dans le cœur d'un autre? Vous » rendez celui que vous tentez » par votre Habit, coupable du » crime de fornication; comment » pouvez-vous donc vous exempter du même crime; puisque » c'est vous qui le produisez? » La passion dont il est animé, » est votre ouvrage. Or n'est-il

(*a*) Tom. 2, p. 250.

» pas certain que celle qui rend
» un autre adultère, ne peut pas
» éviter d'être punie elle-même ?
» C'eſt vous qui avez aiguiſé l'épée
» dont il ſe perce le cœur. C'eſt
» vous qui en avez armé ſa main ;
» c'eſt vous qui avez pouſſé cette
» main & cette épée contre lui ;
» &, après cela, vous prétendez
» ne devoir pas être punie comme
» une homicide ? Dites-moi, je
» vous prie, qui ſont ceux qui
» doivent être l'objet de la haine
» & de l'exécration des hommes ?
» Qui ſont ceux contre leſquels
» les Légiſlateurs & les Juges
» doivent exercer leur ſévérité ?
» Sont-ce ceux qui avalent le poi-
» ſon, ou ceux qui le préparent,
» & dont le malheureux artifice
» eſt cauſe de la mort des autres ?
» N'a-t-on pas au contraire, quel-
» que compaſſion pour les pre-
» miers, au lieu qu'on condamne
» les derniers tout d'une voix. En
» vain ceux qui auroient préparé

» un breuvage empoiſonné, allé-
» gueroient-ils pour leur défenſe,
» qu'ils ne ſe ſont pas donné la
» mort à eux-mêmes; mais qu'ils
» l'ont ſeulement cauſée à d'au-
» tres. Car c'eſt pour cela même
» qu'on croiroit être en droit de
» les punir plus ſévèrement. Com-
» ment donc, miſérable femme
» que vous êtes, après avoir vous-
» même préparé le breuvage mor-
» tel, après l'avoir préſenté vous-
» même, après qu'il a été bu &
» qu'il a cauſé la mort; comment
» prétendez-vous pouvoir vous
» défendre par cette raiſon que
» ce n'eſt pas vous qui avez bu
» ce poiſon, mais que vous l'avez
» fait boire à d'autres. Ne dou-
» tez pas que vous ne ſoyez d'au-
» tant plus ſévèrement punie,
» que ces empoiſonnemens, dont
» nous parlons, & que la mort que
» vous cauſez par eux, ſont bien
» d'une autre conſéquence que les
» empoiſonnemens & les meurtres

» ordinaires. Car ce n'eſt pas à des » corps que vous donnez la mort, » mais à des âmes. Ce qui engage » les autres homicides dans le cri- » me, eſt ſouvent, ou un tranſ- » port de colère & de paſſion, ou » le beſoin qu'ils ont d'argent ; » mais vous ne pouvez alléguer » ces excuſes, qui n'en ſont point, » pour diminuer le crime de l'ho- » micide ſpirituel que vous com- » mettez. Ceux que vous tuez ne » ſont pas vos ennemis ; ils ne » vous ont fait aucun tort ; ce » n'eſt point l'intérêt & le beſoin » qui vous pouſſe; c'eſt une pure » Vanité qui fait que vous-vous » jouez des âmes de vos frères, » & que vous faites votre diver- » tiſſement de leur mort ſpiri- » tuelle (*a*) ».

L'Apôtre S. Jean nous dit

(*a*) *Ob ſolam vanam gloriam, in alienis luditis animabus ; ex aliorum morte voluptatem propriam conſtituitis.* Ibid.

que (*a*), *Jésus-Christ ayant donné sa vie pour nous, nous devons aussi donner notre vie pour nos Frères*, étant disposés à nous sacrifier, s'il le faut, pour leur salut. Mais combien est-on éloigné de cette disposition de charité, quand on ne craint point d'être le meurtrier de son âme? Et quel crime devant Dieu, de faire mourir des âmes que J. C. a rachetées au prix de son Sang, & qui par-là lui ont coûté si cher.

Si, selon ce qui vient d'être dit, il est contre tous les principes de la Religion, & de la bonne Morale, d'aimer ou de rechercher les Parures, la conduite des personnes âgées qui les recherchent, pour paroître plus jeunes qu'elles ne sont, n'est pas moins contraire à la droite & saine raison. Tertullien en a montré le ridicule par ces paroles. « Quelle

(*a*) 1. Ep. ch. 3, ℣. 16.

» témérité & quelle déraiſon, de » ro gir d'un âge auquel on a » déſiré d'arriver, & de regretter » une jeuneſſe qu'on a peut-être » ſouillée de beaucoup de crimes, » & où l'on a du moins trouvé » un grand nombre d'occaſions » d'en commettre ! Que les » filles de la Sageſſe, c'eſt-à-dire, » celles qui ſont véritablement » chrétiennes, ſoient bien éloi- » gnées d'une ſi grande folie (*a*)! » C'eſt une plaiſante jeuneſſe que » celle qu'on prétend ſe procu- » rer, en changeant la couleur » blanche de ſes cheveux, qui » eſt un ſigne de vieilleſſe, par » des poudres qui leur donnent » une autre couleur. La jeuneſſe » que nous devons rechercher, » eſt celle que la glorieuſe Ré-

(*a*) *Proh temeritas ! erubeſcit ætas exoptata votis ; adoleſcentia in quâ deliquimus, ſuſpiratur ; occaſio pravitatis interpolatur.... Abſit Sapientiæ filiabus, ſtultitia tanta !* De Cult. Fæmin. c. 6.

» ſurrection donnera à nos corps,
» en les revêtant d'incorruptibi-
» lité & d'immortalité. Combien
» celles-là ſont éloignées de ſe
» hâter d'aller au Seigneur, & de
» déſirer de ſortir de ce ſiécle
» très-méchant, qui regardent
» comme une honte pour elles,
» & comme une difformité d'ap-
» procher de la fin de leur
» vie » !

En m'entendant parler avec force, après les SS. Pères, contre la Vanité & le Luxe des femmes dans leurs Habits, qu'on ne croye pas que je ne ſois pas touché de voir ce même Luxe & cette même Vanité dans beaucoup d'hommes, comme dans les femmes, & ſur-tout dans les jeunes-gens. En effet la manière ridicule dont ils élévent & font monter leurs cheveux, ne ſuit-elle pas de trop près celle dont les coëffures des femmes ſont montées & élevées. Ne voit-on pas dans leur contenance, dans leur marcher & dans leurs Habits, la même affectation de paroitre, & la même molesse qui se fait remarquer dans beaucoup de femmes? Et cette affectation n'est-elle pas d'autant plus répréhensible, qu'il semble qu'il devroit y avoir en eux plus de solidité, par rapport à la manière de penser & d'agir, que dans les femmes? Les gens sensés le remarquent & s'en plaignent; mais le mauvais goût de notre siécle, sa frivolité plus grande qu'elle n'a jamais été, ont prévalu sur bien des hommes, & les emportent dans des excès contraires à la raison, & indignes de leur sexe.

CHAPITRE VIII.

Réponſes aux principaux prétextes qu'on allegue pour couvrir & excuſer ſon amour pour les Parures & le Luxe des Habits.

PREMIER prétexte. Tout ce qui ſert à la magnificence des Habits, n'a-t-il pas été créé de Dieu, & eſt-ce un mal que de faire uſage de ce qu'il a créé ? Ce premier prétexte étoit déjà allégué par pluſieurs femmes, du temps de Tertullien (*a*); voici la réponſe de ce ſçavant Auteur.

Aſſurément, « Ce qui forme » les Parures a été créé de Dieu; » mais il s'en faut beaucoup que » la manière dont on en uſe » vienne de lui & de ſon Eſprit, » comme les chôſes dont on abuſe

(*a*) L. 1, de Cult. Fæmin. c. 8.

» en viennent (*a*). Les chôſes qui
» ſervent aux Spectacles profanes
» & à l'Idolâtrie, viennent de
» Dieu. C'eſt Dieu qui eſt le
» Créateur de l'encens qu'on brûle
» en l'honneur des Idoles ; c'eſt
» lui qui eſt le Créateur des
» animaux qu'on leur offre en
» ſacrifice, du feu qui conſume
» ces victimes impies ; l'Idolâ-
» trie & les Spectacles en ſont-
» ils pour cela plus permis ?
» Eſt-il permis de chanter de
» mauvaiſes chanſons, parce que
» c'eſt Dieu qui a donné la voix
» avec laquelle on les chante ?
» Ce n'eſt donc point tant à la
» nature des choſes, dont on uſe,
» qu'à la mani re dont on en uſe,
» qu'il faut faire ici attention. Ce
» qui forme la magnificence des
» Habits eſt bon en ſoi, puiſqu'il
» eſt l'ouvrage du Créateur ; mais

(*a*) *Si materiæ ex Deo ſunt ; non ſta-tìm & ejuſmodi fructus illarum.* Ibid.

» s'y permettre autant de superfluités, que nombre de personnes s'en permettent, & y chercher sa propre gloire, cela est très-mauvais, parce qu'il a pour principe l'orgueil & l'amour du monde, qui ne viennent pas de Dieu ». J'ai déjà remarqué qu'il est des personnes dont l'état & la condition demandent qu'elles aient des Habits ou des Meubles magnifiques ; c'est pour ces personnes que Dieu a créé ce qui fait cette magnificence.

Aussi S. Augustin, dont le zèle n'étoit pas moins éclairé & prudent, qu'il étoit ardent ; écrivoit à l'Evêque Possidius son disciple, & l'Auteur de sa vie (*a*). « Je ne » voudrois pas que vous allassiez » si vite à défendre toutes les » Parures d'or & d'Étoffes pré- » cieuses, si ce n'est à ceux qui, » n'étant point mariés, ou ne

(*a*) Ep. 245, n. 1.

« pensant

» pensant point à l'être, ne doivent » songer qu'à plaire à Dieu ». Ce n'est que pour les personnes d'un état distingué, que S. Augustin donne cet avis à Possidius. Mais combien y en a-t-il aujourd'hui qui portent des Habits beaucoup plus beaux & plus riches que leur condition ne le demande? Aussi les personnes sensées se plaignent-elles de voir toutes les conditions confondues à cet égard; on s'habille, non selon sa condition, mais selon qu'on est riche. Souvent même on fait pour cela des dépenses qu'on n'est pas en état de supporter; &, en conséquence, on s'endette; &, pour satisfaire sa Vanité, on se prive soi & sa famille, des chôses les plus nécessaires. N'est-ce pas-là évidemment un renversement de tout ordre? N'est-ce pas aller contre les intentions du Créateur, de qui vient tout ce qui fait la magnificence des Habits & des meubles?

Second prétexte. Notre intention en nous parant, eſt de chercher à plaire à nos maris.

Il eſt certain que les Femmes peuvent & doivent avoir ſur cela quelqu'égard à la volonté de leurs maris. Rien n'eſt plus ſage que la réprimande que S. Auguſtin fait, dans une de ſes Lettres, à une femme nommée *Ecdicia* (*a*), pour avoir changé, ſans le conſentement de ſon mari, la manière dont les femmes de ſa condition pouvoient s'habiller, pour prendre un Habit de veuve. L'Ecriture, ſelon ce Père, dit bien (*b*), « Qu'il » faut que les femmes ſoient ha- » billées modeſtement. Elle con- » damne les Parures d'or, la fri- » ſure des cheveux, & les autres » Ornemens par où les femmes » ne cherchent qu'à ſatisfaire leur » Vanité, ou à relever leur beau-

(*a*) Epit. 242, n. 9.
(*b*) S. Paul. Ep. 1, à Tim. ch. 2, ℣. 9.

» té. Mais cela, ajoute ce Père, » n'empêche pas qu'il n'y ait une » manière de s'habiller, propre à » chaque état, & que les femmes » qui ont encore leurs maris, ne » puissent se vêtir autrement que » les veuves. Et ces différences » peuvent s'observer, sans aller » contre ce que les régles du » Christianisme nous prescrivent. » Si donc votre mari ne trouvoit » pas bon que vous changeassiez » votre manière ordinaire de vous » habiller, & que vous voulussiez » faire la veuve, avant qu'il fût » mort; vous ne deviez pas vous » opiniâtrer sur cela, jusqu'à le » scandaliser, & à vous brouiller » avec lui. Le retranchement que » vous avez voulu faire dans vos » Habits, n'étant pas un bien, & » la désobéissance étant très-cer- » tainement un mal; vous auriez » mieux fait de chercher à plaire » à votre mari, par la candeur » & la simplicité de vos mœurs,

» que de le mécontenter par Habit » de deuil. Il n'y a rien de plus » déraisonnable, que de s'élever » contre son mari, sous prétexte » de conserver l'humilité appa- » rente d'un Habit modeste. Si » vous aimiez à être habillée » comme les personnes consacrées » à Dieu, il falloit auparavant » obtenir la permission de votre » mari, à force de complaisances » & de prières; & non-pas pren- » dre d'autorité, cette sorte d'Ha- » billement, sans sa permission, » & contre son gré. Quand » même il ne vous auroit pas » voulu permettre de le prendre, » vos bons desseins en auroient- » ils soufferts? Et pouvez-vous » vous imaginer que Dieu eût » trouvé mauvais que, votre mari » vivant, vous eussiez été ha- » billée comme la chaste Suzanne, » plutôt que comme Anne la Pro- » phétesse?... Quand il vous au- » roit forcé, par quelques mauvais

» traitemens, à paſſer les bornes
» de la ſimplicité chrétienne, rien
» ne vous auroit empêchée de
» conſerver un cœur humble,
» ſous des Habits ſuperbes &
» magnifiques ».

Selon cette déciſion ſi ſage de S. Auguſtin; il eſt donc des cas dans leſquels une femme doit céder à la volonté de ſon mari, pour porter des Habits plus riches & plus éclatans qu'elle ne le ſouhaiteroit. Mais il n'eſt pas moins vrai, qu'il y a beaucoup de femmes qui recherchent ces Habits, plutôt pour plaire au monde, & ſe complaire à elles-mêmes, que pour obéir à leurs maris. Il n'arrive que trop ſouvent, que leurs maris ſont incommodés des grandes dépenſes dans leſquelles la vanité de leurs femmes les jettent, ou que leur jalouſie, ſource de troubles & de diviſion dans les mariages, eſt excitée par le déſir qu'ils remarquent dans leurs femmes, de plaire par leurs Ajustemens à ceux qui les voyent. Que les femmes qui cherchent, dans la volonté de leurs maris, à excuser leur amour trop réel pour les Parures, écoutent avec la plus grande attention cet avis que S. Jean-Chrysostôme donnoit aux femmes de son temps, qui couvroient leur amour pour la vanité, sous une pareille excuse (*a*). « Si vous voulez plaire » à votre mari, j'ai à vous indiquer, pour y réussir, d'autres » moyens beaucoup plus sûrs que » celui des Parures. Soyez à son » égard douce, patiente, prévenante & honnête, & vous le » gagnerez, quelque mauvais penchant qu'il puisse avoir. Ces » vertus l'attireront; &, quand il » vous verra éloignée du Faste & » des dépenses superflues, hum-

(*a*) Hom. 28, in Epist. ad Hebr. n. 6, tit. 12, p. 267.

» ble & ſoumiſe, il ne pourra » s'empêcher d'avoir de la conſi- » dération & de l'amour pour » vous. Si votre mari n'eſt pas » chaſte, toutes vos Parures ne » lui inſpireront point la chaſteté. » J'en prends à témoins les fem- » mes qui ont le malheur d'avoir de » ſemblables maris; elles ſont en » état de vous dire que, de quelque » manière que vous-vous pariez, » ſi votre mari eſt dominé par » l'impureté, vous ne l'empêche- » rez pas d'aller trouver une autre » femme. Si, au contraire, il eſt » chaſte, ce n'eſt point par ces » vains Ajuſtemens que vous lui » plairez, mais par une manière de » vous habiller toute oppoſée. Il » ſera affligé de vous voir tant de » goût pour ces vaines Parures, & » tant d'amour pour le monde, à » qui vous cherchez à plaire. Vous » pourrez même lui faire naître » par-là des ſoupçons déſavan-

» tageux ſur vous ; & quand ſa
» modération & ſa douceur l'em-
» pêcheroient de vous en parler,
» il ne vous en condamnera pas
» moins au-dedans de lui-même ;
» & il ne pourra entièrement ſe
» défendre de la jalouſie, qui lui
» ôtera tous les agrémens de la
» vie, & lui fera paſſer ſes jours
» dans l'amertume ».

Enfin, ſi un mari, plein de vanité, exige de ſa femme quelque choſe qui ſoit ouvertement incompatible avec l'obſervation des divins Commandemens, avec la piété & la modeſtie, une femme doit comprendre qu'un ſemblable mari eſt pour elle devant Dieu, une fort mauvaiſe caution, & elle doit lui répondre, avec douceur & avec reſpect, mais avec fermeté, ce que répondirent autrefois les Apôtres aux Princes des Prêtres & aux Sénateurs Juifs, lorſqu'ils leur défendirent de prêcher au nom de J. C. *Il faut obéir à Dieu, plutôt qu'aux hommes* (*a*).

Troisiéme Prétexte. On dit qu'on ne pense point au mal, & qu'on n'a aucune mauvaise intention de le faire, ni d'y porter les autres. « Si vous ne pensez pas au mal, le Diable en » pense toujours, répond S. François de Sales (*b*) ». Il est toujours très-attentif à saisir tous les moyens & toutes les occasions de nous y engager, & il n'y réussit que trop. Qu'importe que l'intention de la personne qui se pare ne soit pas mauvaise, si sa conduite l'est ? La meilleure intention ne peut justifier ce qui n'est pas bon de sa nature. Quelqu'exempt que l'on soit de toute mauvaise intention, on s'expose toujours beaucoup, quand on se

(*a*) Act. 5, ℣. 29.

(*b*) Introduction à la vie dévote, l. 3, ch. 25. Voiez ci-après le ch. XIII.

produit dans les compagnies ; avec un air & un Ajuſtement mondains. On ſe croit aſſez aſſuré de ſoi-même, pour ſe flatter qu'on n'y aura aucun mauvais déſir ; mais c'eſt par cette préſomption même qu'on eſt plus près de ſa chûte ; parce qu'en ne craignant pas de tomber, on prend moins de précaution, & on ſe tient moins ſur ſes gardes. Nous devons ſi bien régler notre conduite, que nous puiſſions avoir une eſpérance raiſonnable de perſévérer dans la grâce de Dieu ; mais il ne nous eſt jamais permis de préſumer de nos forces. Et n'eſt-ce pas en préſumer, que de ſe préſenter dans les compagnies du monde, avec tant d'amorces pour le péché, ſans craindre d'en reſſentir aucune atteinte ? « Quelque » bonne intention qu'on puiſſe » avoir, dit Tertulien (*a*), on ex-

(*a*) *Quantùm velis bonâ mente conetur, neceſſe eſt publicatione ſuî periclitetur, dùm*

» poſe toujours beaucoup ſa cha-
» ſteté, quand on ſe produit dans les
» compagnies avec un étalage qui
» attire les regards. Si une femme
» apperçoit qu'on la montre au
» doigt, pour faire remarquer ce
» qu'elle a de beauté & d'agré-
» ment, ſe peut-il que ſon amour-
» propre n'en ſoit pas flatté? Et,
» ſi l'on en vient juſqu'à lui faire
» ſentir, par de trop grandes fa-
» miliarités, qu'on l'aime, eſt-il
» poſſible que ſa concupiſcence
» n'en ſoit pas excitée? C'eſt ainſi
» que les femmes perdent peu à
» peu la pudeur naturelle, que
» leur ſexe leur inſpiroit; qu'elles
» n'ont plus la même retenue
» qu'elles avoient, & qu'elles ſe
» diſpoſent inſenſiblement à aller

---

percutitur oculis incertis & multis. Dùm digitis demonſtrantium titillatur, dùm nimiùm amatur, dùm inter amplexus & oſcula aſſidua concaleſcit. Sic frons duratur, ſic pudor teritur, ſic ſolvitur, ſic diſcitur aliter jàm placere deſiderare. Libr. de Velandis Virginib. c. 14.

» plus loin dans le mal, qu'elles » ne l'avoient d'abord pensé ».

Quatriéme Prétexte. Dieu, dit-on, se met-il tant en peine de l'extérieur? N'est-ce pas le cœur qu'il demande avant tout? &, pourvû qu'on le lui donne, n'est-il pas content?

Je le sçais; c'est le cœur qu'il demande avant tout; mais le lui donne-t-on, en aimant les Parures, qu'il defend d'aimer, & auxquelles on a renoncé, au moment qu'on est devenu Chrétien? Le cœur se donne à ce qu'il aime. D'ailleurs l'intérieur peut-il être bien réglé, sans que l'extérieur le soit aussi? « La vraie chasteté, » dit S. Cyprien, ne consiste » pas seulement dans l'exem» ption de toute impureté cor» porelle, mais encore dans la » bienséance & la modestie des » Habits (*a*). Que la pureté s'é-

(*a*) *Continentia & pudicitia non in solâ*

» tende donc à tout ; & que le » Luxe des Habits ne déshonore » pas la pureté du corps ».

Nous devons toujours pratiquer la Vertu, & pour nous & pour les autres. La Vertu doit être dans l'intérieur, pour la sanctification de celui en qui elle est ; mais elle doit aussi paroître dans l'extérieur, pour l'édification du prochain &, sur-tout, de ceux qui sont plus à portée de nous voir. N'est-ce pas ce que font clairement entendre ces paroles de J. C. (*a*) : *Que votre lumière luise devant les hommes ; afin que, voyant vos bonnes œuvres, ils en rendent gloire à votre Père qui est dans le Ciel* ; Et ces autres de S. Paul (*b*) :

---

integritate carnis consistit ; sed etiam in Cultûs & Ornatûs honore pariter ac pudore.... Parem se integritas in omnibus præstet ; nec bonum corporis Cultus infamet. De Hab. Virginum, p. 69.

(*a*) Matth. c. 5, ℣. 16.

(*b*) Rom. c. 12, ℣. 18.

Ayez soin de faire le bien, non seulement devant Dieu, mais aussi devant tous les hommes. Pour remplir ce double devoir, réglons l'extérieur & l'intérieur. L'intérieur par rap port à Dieu, & l'extérieur par rapport aux hommes, Si l'on veut persuader qu'on est chaste au-dedans, qu'on le paroisse au-dehors par la modestie de ses Habits & de tout son extérieur.

Cinquiéme Prétexte. On ne veut point se singulariser, ni faire parler le monde; on fait comme les autres; & l'on ne fait que suivre un usage presque généralement établi.

Ces raisonnemens sont-ils conformes à l'Évangile? J. C. nous y enseigne (*a*) : *Que la voie qui conduit à la vie est étroite, & qu'il y en a peu qui y marchent*, & *qu*'au contraire, *la voie de la per-*

(*a*) Matth. c. 7, ℣. 13 & 14.

dition eſt large, & qu'un très-grand nombre la ſuit. Et peut-on éviter cette voie large de la perdition, où une ſi grande multitude marche, & entrer dans la voie étroite du Salut, qu'un ſi petit nombre ſuit, ſans ſe ſingulariſer? On ne veut point faire parler le monde, dit-on. Hélas! ſouvent on ne le fait que trop parler par ſon air & ſes manières peu modeſtes. Mais, quand le monde parleroit, dèslors qu'il parle ſans raiſon, & pour blâmer ce que Dieu approuve, faut-il s'en mettre en peine? Ne doit-on pas alors entrer dans les ſentimens que S. Paul exprimoit, lorſqu'il écrivoit aux Corinthiens (*a*) : *Pour moi je me mets fort peu en peine que vous me jugiez, vous, ou quelqu'homme que ce ſoit.... C'eſt le Seigneur qui eſt mon Juge.* On ne peut guère éviter de faire parler le

(*a*) 1. Ep. c. 4, ℣. 3 & 4.

monde, à moins qu'on ne ſe conforme entièrement à lui; & une des régles que S. Paul preſcrit à tous les Chrétiens, eſt celle-ci (*a*): *Ne vous conformez point au ſiécle préſent.* On fait comme les autres, ajoute-t-on, & l'on ſuit un uſage preſque généralement établi. Mais je réponds avec Tertulien, que J. C. s'eſt appellé la *Vérité*, & non pas la *Coutume*; & qu'ainſi, pour ſe ſauver, comme c'eſt la Vérité qui nous jugera, c'eſt elle qu'il faut ſuivre, & non pas la Coutume, qui eſt pour l'ordinaire contraire à la Vérité.

« Qu'elle peut-être (dit encore » Tertulien, la force de la Cou» tume, pour autoriſer ce qui eſt » condamné par tant d'autorités » que nous avons alléguées; ou » quelle probabilité le ſentiment » contraire peut-il avoir ? L'Ecri» ture eſt de Dieu; la Diſcipline

(*a*) Rom. c. 12, ℣. 2.

» Ecclésiastique vient de Dieu ; » tout ce qui leur est contraire, ne vient donc point de » Dieu (*a*) ».

Bien-loin qu'une chose soit permise, parce qu'elle est autorisée par la Coutume, c'est plutôt une raison de la tenir pour fort suspecte. S. Augustin a comparé la Coutume à un torrent qui entraîne dans les enfers une infinité d'âmes qui la suivent. C'est ce qui le porte à s'écrier dans ses *Confessions* (*b*) : « Où sont ceux » qui te résistent, malheureux » torrent de la Coutume ? Ne te » verrons-nous jamais à sec, & » jusques à quand entraîneras-tu » les enfans d'Adam dans cette » mer si profonde & si orageuse,

---

(*a*) *Cui ex his consuetudo opinionis prodest, vel qui diversæ sententiæ color est? Dei est Scriptura, Dei est Disciplina; quidquid contrarium est istis, Dei non est.* L. 1, de Veland. Virginib. c. 16.

(*b*) L. 1, c. 16.

» dont ont tant de peine à ſe tirer » ceux mêmes qui ſe tien- » nent le plus fermement attachés » au bois de la Croix du Sauveur. S'attacher à la Croix du Sauveur? pour n'être point entraîné dans les Enfers, par le torrent de la Coutume, c'eſt, dans la penſée de S. Auguſtin, s'attacher inviolablement aux maximes de ſon Évangile, en réglant ſur elles ſa conduite, quoiqu'elles ſoient violées par le plus grand nombre. Si l'on veut ſuivre des exemples, qu'on n'en ſuive que de bons. Dans le Chapitre ſuivant, nous allons en préſenter quelques-uns qu'on peut ſuivre ſans crainte de s'égarer.

CHAPITRE IX.

Exemples dont la considération peut & doit exciter à mépriser les vaines Parures.

LE premier exemple est celui de la Reine Esther, que sa qualité de Reine mettoit dans la nécessité de porter des Habits magnifiques. Mais quels étoient ses sentimens en les portant? Ecoutons-la nous les découvrir elle-même, dans une Prière qu'elle fait à Dieu, qui connoissoit le fond de son cœur, & devant lequel elle n'auroit pu mentir. Elle lui dit (*a*) : *Vous sçavez la nécessité où je me trouve; & qu'aux jours où je parois dans la Magnificence & dans l'Eclat, j'ai en abomination la marque superbe de ma gloire, que je porte sur ma tête;*

(*a*) Esther, c. 14, ℣. 16.

je la déteste comme un linge souillé, & qui fait horreur, & je ne la porte point dans les jours de mon silence. « Esther, par ces » paroles (dit un pieux Interpré» te (*a*), fait entendre que les » superbes Ornemens avec les» quels elle paroissoit aux jours « de cérémonie, lui étoient en » horreur ; qu'elle en avoit autant » de honte, qu'en auroit une » femme vaine, qu'on obligeroit » à se donner en spectacle, cou» verte des plus vils haillons ; » qu'elle n'avoit de goût que pour » la modestie & la simplicité ; » que, si elle eût été libre, elle » auroit renoncé à toutes ces su» perfluités, qui ne sont bonnes » qu'à enfler le cœur, & qu'à » inspirer aux femmes, une folle » estime d'elles-mêmes ; qu'elle » se seroit réduite à ce qu'il y a

(*a*) M. Mésenguy, Anc. Test. t. 9, pag. 475.

» de plus commun. Mais elle avoit » un mari, à qui ſon devoir l'o- » bligeoit de plaire & d'obéir. Elle » étoit dans un état qui deman- » doit qu'elle fût diſtinguée des » autres femmes par ſes Habits, » comme elle l'étoit par ſa digni- » té. Ainſi elle accordoit à la » ſoumiſſion & à la bienſéance ce » qu'elle ne pouvoit leur refuſer, » ſans ſortir de l'ordre. Mais, dans » ſes jours de retraite & de ſilen- » ce, où elle avoit toute ſa liber- » té, elle ſe dédommageoit, en » quittant les livrées de la Vani- » té, de la violence que ſon cœur » s'étoit fait pour s'en couvrir ».

Si une femme qui vivoit au temps de l'ancienne Loi, a été dans des ſentimens ſi purs & ſi chrétiens, celles qui vivent dans le ſein de l'Egliſe de J. C. dont elles ſont les enfans, trouveront-elles impoſſible d'imiter ces ſentimens?

Un ſecond exemple du mépris

des vaines Parures, c'eſt celui que S. Pierre propoſe aux Fidéles de ſon temps, en leur rappellant le ſouvenir des ſaintes Femmes de l'Ancien Teſtament, telles qu'ont été Sara, Rébecca, Judith, Eſther, &c. Après avoir exhorté les femmes *à ne point ſe parer au-dehors* (*a*), *mais à parer plutôt l'homme intérieur & inviſible par la pureté incorruptible d'un eſprit doux & ami du ſilence; ce qui eſt, un riche Ornement aux yeux de Dieu*, il ajoute (*b*) : *C'eſt ainſi que ſe paroient autrefois les ſaintes Femmes qui eſpéroient en Dieu.* Les femmes, à qui S. Pierre adreſſe la parole, deſcendoient de ces ſaintes Femmes, dont un peu auparavant il leur avoit dit qu'*elles étoient les filles*; comme pour leur faire entendre que, pour ne pas dégénérer de la piété de leurs ancêtres,

---

(*a*) 1. Ep. ch. 30, ℣. 3 & 4.
(*b*) Ibid. ℣. 5.

elles devoient les imiter ; & les imiter particulièrement dans le mépris des vaines Parures du corps, ne faisant cas que des Ornemens intérieurs des Vertus, que le temps n'use pas, & dont il ne sçauroit ternir l'éclat.

Quel a été, selon S. Pierre, le principe du parfait mépris que ces saintes Femmes ont eu pour les Vanités du monde, de l'amour desquelles ce saint Apôtre ne vouloit pas que des femmes chrétiennes fussent possédées ? C'est, dit-il (*a*), *qu'elles espéroient en Dieu ;* c'est-à-dire qu'elles faisoient leur trésor de la Piété ; qu'elles vivoient de l'amour & de l'espérance des biens éternels ; que leur cœur étoit par ses désirs dans le Ciel, où étoit leur trésor ; & qu'elles travailloient sans cesse, par la pratique de toutes sortes de bonnes œuvres, à mériter le

(*a*) Ibid. ℣. 6.

bonheur qui nous y eſt promis. Lorſqu'on eſpérera ainſi en Dieu, & qu'on ne fera cas que des biens éternels & des vertus dont la pratique peut nous en rendre digne, combien trouvera-t-on mépriſables les vaines Parures, qui ne ſont que pour ce monde, & qui y attachent le cœur? Les objets terreſtres ne peuvent trouver de place dans un cœur tout rempli des objets céleſtes. Jugeons-en par l'exemple de S. Paul, qui, ſans rien excepter de tout ce qui exiſte dans le monde, écrit aux Philippiens (*a*) : *Tout me ſemble une perte au prix de la haute connoiſſance de Jéſus-Chriſt mon Seigneur, & je regarde tout comme du fumier, afin de gagner Jéſus-Chriſt*. C'eſt dans le même ſentiment qu'écrivant aux Corinthiens, il leur dit (*b*) : *Nous ne conſidérons*

(*a*) Ch. 3, ℣. 8.
(*b*) II. Ep. ch. 4, ℣. 18.

point les chôſes viſibles, mais les inviſibles; parce que les chôſes viſibles ſont temporelles; mais les inviſibles ſont éternelles. Comprenons que ce qui eſt paſſager, n'eſt pas digne d'un cœur fait pour l'éternité; & demandons à Dieu une foi vive, qui nous ferme les yeux aux bagatelles & aux amuſemens de la terre, pour ne les ouvrir qu'aux biens ſolides & immuables du ciel, & nous y attacher invariablement.

Le troiſiéme exemple du mépris des Vanités du monde, eſt celui de Ste Gorgonie, ſœur de S. Grégoire de Nazianze, dont la famille a été une famille toute de Saints. L'Hiſtoire Eccléſiaſtique, & les Vies des Saints, m'en fourniroient beaucoup d'autres; mais je me borne à celui-ci, à cauſe des égards ſinguliers que mérite l'autorité du ſaint Docteur, ſon frère, qui le rapporte. Voici ce qu'il écrit de cette illuſtre

Sainte, sa très-respectable sœur, dans l'Eloge funébre qu'il en a fait (*a*). « Ecoutez, dit-il, » ô femmes vaines, qui aimez » l'oisiveté & le Faste, & qui » secouez le joug de la pudeur, » écoutez Gorgonie. Elle ne s'étu» dia point à relever sa rare beau» té, par des Parures précieuses, » ni par des ouvrages de l'art. » Elle ne prit pas soin de relever » la beauté naturelle de ses che» veux par la frisure. On ne la » vit jamais revêtue d'Habits flot» tans & magnifiques, ni ornée de » Diamans, dont le feu & les » brillans se répandissent sur son » visage, pour en rehausser l'éclat. » Elle ne se servit point de ces » Etoffes éclatantes par la vivaci» té de leurs couleurs. Gorgonie, » qui connoissoit tous les Orne» mens extérieurs, dont les fem» mes sont si curieuses, les mé-

(*a*) Orat. 11, t. 1, p. 181.

» priſoit, en comparaiſon des Or» nemens intérieurs, qui donnent » tant de luſtre à l'âme. Elle » n'aimoit de Rouge que celui » que la pudeur fait naître, de » Blanc que celui qui vient de l'ab» ſtinence, & qui cauſe la pâleur » du viſage. Elle abandonnoit aux » Comédiennes & aux femmes dé» bauchées, qui ont renoncé à la » pudeur, & qui ne rougiſſent » de rien, le Fard, les Couleurs » empruntées, & toutes les inven» tions dont elles ſe ſervent pour » paroître belles ».

Dira-t-on qu'on ne peut parvenir à une auſſi haute perfection, que Ste Gorgonie & tant d'autres Saintes célébres dans l'Hiſtoire Eccléſiaſtique, & dans les Vies des Saints ? Mais je prie qu'on conſidère que c'eſt à des femmes ſimplement Chrétiennes, & vivantes au milieu du monde, que S. Pierre a écrit (*a*) qu'*elles*

(*a*) 1. ch. 3, ℣. 3 & ſuiv.

ne doivent pas ſe parer au-dehors; & qu'elles ne doivent chercher que les Ornemens de l'homme intérieur. C'eſt pour des femmes vivantes au milieu du monde, que S. Paul donne cet ordre à Timothée (*a*). « Je veux que les Femmes prient, » étant vêtues comme l'honnêteté » le demande, qu'elles ſe parent » ſelon les régles de la modeſtie » & de la chaſteté, non avec des » Cheveux friſés, ni des Orne- » mens d'or, ni des Perles, ni » des Habits ſomptueux; mais » comme des Femmes qui mon- » trent par leurs bonnes œuvres, » la Piété dont elles font pro- » feſſion ». J'ai dit qu'en renonçant dans le Baptême, aux pompes du Démon, on avoit renoncé à l'amour des Parures. On eſt donc obligé à ce renoncement, par la ſeule qualité de Chrétien & de Chrétienne; &, ſi l'on ſe croit

(*a*) 1. Ep. ch. 2, ℣. 9 & 10.

diſpenſé d'arriver à la haute perfection des Saints, & des Saintes les plus illuſtres, du moins ne doit-on pas ſe croire diſpenſé de tenir une conduite Chrétienne, dont le mépris & la fuite des vaines Parures font partie.

CHAPITRE X.

De l'obligation où ſont toutes les perſonnes chargées de l'éducation des jeunes Filles, & ſpécialement les Pères & Mères, & les Religieuſes qui prennent de jeunes Penſionnaires, de tâcher de leur inſpirer de bonne heure le mépris des vaines Parures, & l'amour de la modeſtie & de la ſimplicité dans la manière de s'habiller.

AVIS aux Supérieures de Communautés, ſur la conduite qu'elles doivent tenir à l'égard des grandes Penſionnaires, au ſujet du Luxe des Habits.

C'EST, pour ainſi dire, un ſecond péché originel, dans les jeunes perſonnes du ſexe, de s'aimer beaucoup elles-mêmes, & d'aimer en conſéquence beaucoup les Parures. Cet amour croît preſque toujours en elles avec l'âge. On ne ſçauroit donc trop ni trop tôt s'appliquer à le réprimer en elles. C'eſt le devoir particulier des Mères Chrétiennes. S. Paul établit un principe, ſur lequel les pères & mères ne ſçauroient trop réfléchir. « Si quelqu'un, dit cet » Apôtre (*a*), n'a pas ſoin des » ſiens, & particulièrement de » ceux de ſa Maiſon, il a renoncé » à la Foi, & eſt pire qu'un Infi- » déle ». Quelle terrible parole contre tant de pères & de mères qui prennent, il eſt vrai, quelque ſoin du corps de leurs enfans, mais qui en prennent ſi peu de leur âme & de leur ſalut ! S. Paul dit qu'*ils ont renoncé à la Foi*. En effet on ne croit pas bien véritablement une autre vie, quand on ſe met ſi peu en peine, que le font beaucoup de Chrétiens, de ſe procurer à eux-mêmes

(*a*) 1. Ep. Tim. ch. 5, ℣. 8.

& à leurs enfans, la vie éternelle. S. Jean-Chryſoſtôme regarde *comme plus cruels envers leurs enfans, que les bêtes même les plus féroces, les pères & mères qui donnent une mauvaiſe éducation à leurs enfans.* « Il vaudroit mieux, dit ce S. Docteur, que ces enfans tombaſſent entre les mains de Barbares qui leur feroient les plus mauvais traitemens, que d'être entre les mains de tels pères & de telles mères (*a*). Je ne crainds point d'ajouter qu'ils leur ſont plus cruels, que s'ils leur plongeoient le poignard dans le ſein. Qu'on ne croye pas, quand je parle ainſi (continue ce S. Docteur) que je me laiſſe aller à un mouvement de vivacité. La raiſon en eſt, que ceux qui feroient mourir leurs enfans, & des Barbares qui les réduiroient

(*a*) *Barbaris immaniores ſumus. Filiorum occiſoribus immaniores dixerim.*

» au plus dur esclavage, ne leur » feroient qu'un mal temporel, » au lieu que les pères & mères » qui donnent une mauvaise édu- » cation à leurs enfans, précipi- » tent leur âme & leur corps » pour l'éternité dans les enfers ». Aussi ces enfans, à qui les pères & mères ont donné une mauvaise éducation, s'éléveront contre eux au jour du Jugement, & les accuseront au Tribunal de J. C. d'avoir perdu leurs âmes, & de s'être comporté envers eux, non en *bons parens*, mais en *perfides* & en *meurtriers*; ce sont les expressions de S. Cyprien (*a*).

Il est rapporté dans l'Ancien Testament (*b*), que Dieu a puni le Grand-Prêtre Héli, non pour avoir autorisé ses enfans dans leur mauvaise conduite; mais seule-

(*a*) *Perdidit nos aliena perfidia, parentes sensimus parricidas.* Cypr. de Lapsis.

(*b*) L. 1. des Rois, ch. 2 & suiv.

ment pour ne les avoir pas repris assez fortement, de ce qu'ils faisoient de mal, & de ne les en avoir pas punis. Ce Grand-Prêtre de l'ancienne Loi se contente de leur dire foiblement (*a*) : « Pourquoi, » mes enfans, faites-vous toutes » ces choses ; ces *crimes dété-* » *stables* que j'entends dire de » vous par tout le peuple ; ne » faites plus cela ; car, mes en- » fans, il est bien fâcheux que » l'on entende dire de vous, que » vous portez le peuple du Sei- » gneur à violer ses Commande- » mens. » Ce Grand-Prêtre du Seigneur paroissoit aux yeux des hommes, irrepréhensible pour sa propre conduite, & exact à ses devoirs ; il estimoit le mérite & la piété dans le jeune Samuel. La veille de la bataille que les Israélites devoient livrer aux Philistins, il étoit plus inquiet pour

(*a*) Ch. 2. ℣. 23 & 24.

l'Arche, que pour tout le peuple & pour ses propres enfans, quoiqu'ils fussent exposés aux plus grands dangers. Lorsqu'on lui annonça la défaite de l'armée d'Israël, il fut renversé, non par cette nouvelle, mais par celle de la prise de l'Arche. Sa douleur le fit succomber, il tomba à la renverse, & mourut d'une manière tragique. Dieu n'a pas voulu nous laisser ignorer que cette mort si funeste fut une punition de cette excessive indulgence envers ses enfans. Voici ce qu'il dit (*a*) à Héli, par la bouche du Prophète Samuel : « Je vais envoyer dans » Israël une punition, que per- » sonne ne pourra entendre, sans » être frappé du plus profond » étonnement. En ce jour-là, je » vérifierai ce que j'ai dit contre » Héli & sa Maison. Je commen- » cerai & j'achéverai. Car je lui

(*a*) Ibid. ch. 3, ℣. 11 & suiv.

» ai prédit que j'exercerois mon » jugement pour jamais, contre » sa Maison, à cause de son ini- » quité; parce que, sçachant que » ses fils se conduisoient d'une » manière indigne, il ne les a pas » punis. C'est pourquoi j'ai juré » à la Maison d'Héli, que l'im- » piété de cette Maison ne sera » jamais expiée, ni par des victi- » mes, ni par des présens. » Qu'on remarque bien que cette iniquité si grande, & dont Dieu dit qu'*elle ne sera jamais expiée*, c'est que le Grand-Prêtre Héli n'a point repris & puni, comme il le devoit, ses fils de leur mauvaise conduite. Aussi S. Augustin (*a*) décide-t-il *qu'il a été réprouvé comme Saül*. S. Grégoire Pape, prononce (*b*), « Qu'il a été enveloppé dans la » même condamnation que ses » fils ». Voici la raison qu'il en

(*a*) L. 17, de la Cité de Dieu.

(*b*) L. 2. Mor. ch. 3.

donne. « Il ſuffit aux inférieurs, » dit ce ſaint Pape, de bien vivre, » pour être ſauvés; mais ce n'eſt » pas aſſez pour les Supérieurs. » La faute, ajoute-t-il dans ſon » *Paſtoral*, qui a fait négliger à » Héli de punir ſes enfans, lui » a nui, comme à eux, auprès » du Souverain Juge, dont elle » lui a attiré la condamnation ».

A ces autorités reſpectables, & ſi capables d'inſpirer la frayeur la plus grande aux pères & aux mères qui négligent l'éducation de leurs enfans, je pourrois ajouter celle de de S. Baſile Archevêque de Céſarée, de S. Eucher Archevêque de Lyon, de S. Céſaire Archevêque d'Arles, de S. Ephrem Solitaire & Diacre de l'Egliſe d'Edeſſe, de Pierre Damien, du Vénérable Béde qui tous ont jugé de la même manière que S. Auguſtin & S. Grégoire Pape, de la trop grande moleſſe du Grand-Prêtre Héli, à l'égard de ses enfans, & de ses terribles suites. Adorons, en tremblant, cette équité & cette profondeur des Jugemens de Dieu sur cet infortuné Grand-Prêtre. Prenons garde qu'une fausse compassion pour lui, ne nous empêche de profiter d'une punition aussi terrible que le S. Esprit n'a fait écrire dans les Livres Saints, que pour pénétrer de crainte les pères & mères qui ne prennent point assez de soin du salut de leurs enfans; & pour leur faire entendre qu'en vain leur vie particulière aura été bien réglée, si celle de leurs enfans ne l'a pas été, faute de vigilance de leur part; ou parce qu'ils n'ont pas fait un usage aussi ferme & aussi prudent qu'ils le devoient, de l'autorité que Dieu leur a donnée sur leurs enfans, pour réprimer, autant qu'il leur est possible, leurs passions naissantes, & pour les porter à la pratique du bien.

Ce que nous venons de dire des devoirs des pères & mères, & du ſupplice éternel qui doit punir le défaut de vigilance ſur les enfans que Dieu leur a donnés, doit également s'entendre de toutes les perſonnes qui ſont chargées de l'éducation des enfans, & ſpécialement des Religieuſes qui prennent des Penſionnaires. L'Egliſe de J. C. (qui avoit autrefois dans ſon ſein des Diaconeſſes pour veiller ſur les Vierges chrétiennes) a droit d'attendre le même zèle, des perſonnes conſacrées par état à notre Religion ſainte, & chargées d'inſtruire ſes enfans. Que les Religieuſes répondent donc aux vœux de cette ſainte Mère. Qu'elles ſentent toute l'importance du dépôt que Jéſus-Chriſt leur confie. Qu'elles ſe repréſentent quelle fut en préſence de S. Jean (*a*) & du peuple fi-

(*a*) Vie des SS. de Méſenguy, du 27 Déc.

déle, la confusion de cet Evêque qui avoit négligé l'éducation d'un jeune-homme dont cet Apôtre l'avoit chargé. Qu'elles craignent une confusion plus grande encore, si elles ne veilloient pas sur les âmes de leurs Pensionnaires. Qu'elles craignent cette terrible question que J. C. leur fera en présence de tout l'Univers assemblé devant son Tribunal: *Rendez-moi le dépôt que je vous ai confié en présence de l'Eglise;* & qu'elles mettent tout en œuvre, pour pouvoir lui remettre ce dépôt dans son intégrité, au jour du Jugement.

Je sçais bien qu'en ce siécle malheureux, il est extrêmement difficile, sur-tout en fait de Luxe, de tenir les enfans dans les bornes de la modestie & de la simplicité chrétienne. On a à lutter contre des parens qui, sur cette matière, sont peut-être moins scrupuleux que d'honnêtes Payens. Grand nombre retireront leurs enfans, dès qu'on ne voudra pas leur permettre certains Ajuſtemens que la Loi de Dieu défend. Mais les Maîtreſſes, moins chargées, auront plus de facilité pour veiller ſur un petit nombre que leur confieront des parens vraiment chrétiens.

Quelques Communautés Religieuſes, (en particulier celles de S. Cyr & de la Viſitation) ont trouvé un moyen pour bannir de leur Penſionnat le Luxe, en preſcrivant aux petites Penſionnaires un Habit uniforme & ſimple. Les vues, qui ont dirigé cette conduite, ſont très-louables, & rien ne ſeroit plus utile, ſi les enfans élevées en ces Maiſons y reſtoient toute leur vie. Mais on ne voit que trop ſouvent que les Demoiſelles, ſorties de ces aſyles de piété, & rentrées dans le monde, donnent avec d'autant plus de fureur dans la folie des Ajuſtemens, qu'elles en ont été ſévrées plus long-temps.

Je n'ofe donc pas propofer cet exemple, quoique très-louable en foi. Mais ce que je ne fçaurois trop inculquer aux Religieufes qui prennent des Penfionnaires, eft qu'elles doivent regarder les enfans qu'on leur met entre les mains, comme des Temples de l'Efprit-Saint, & les conferver dans la Sainteté, en priant beaucoup pour elles, & les inftruifant fans ceffe, en leur repréfentant le danger où elles s'expoferoient, fi elles aimoient la Vanité, en veillant continuellement pour réprimer en elles la paffion de la Parure. Qu'elles tremblent à ces paroles de S. Paul : *Si quelqu'un profane le Temple de Dieu, Dieu le perdra.* Châtiment éternel, dont la feule penfée doit faire frémir. Dieu, dès ce monde, punit quelquefois ceux qui ofent porter fur ces Temples vivans une main facrilége, pour les revêtir des Livrées du Démon. S. Jérôme rapporte qu'une Dame nommée Prétextate (*a*) ayant osé habiller, selon la coutume du siécle, Eustochie encore enfant, fut punie par le dessséchement de ses mains, la perte de son mari & de ses enfans, enfin par la mort même au bout de cinq mois. *Voilà*, ajoute ce S. Docteur, *comment Dieu punit les Violateurs de son Temple.*

Ce que nous venons de dire au sujet des jeunes Pensionnaires, m'engage à donner quelques avis aux Supérieures de Communautés, sur la conduite qu'elles doivent tenir à l'égard des grandes Pensionnaires, au sujet du Luxe des Habits. Pour y parvenir, voyons s'il est utile à des Religieuses de prendre de grandes Pensionnaires.

Si, dans chaque Couvent, on examinoit bien l'esprit de la Régle,

(*a*) Voyez les mêmes Vies des SS. au 28 Septembre.

certainement on verroit combien il eſt éloigné de la facilité avec laquelle on y admet des perſonnes du monde. Les Inſtitutrices & les Réformatrices des Congrégations Religieuſes avoient-elles cette facilité? Non ſans doute. Elles ſçavoient que l'eſprit du monde & l'eſprit des Communautés Religieuſes (qui eſt l'Eſprit de J. C.) ſont incompatibles; que, s'il eſt des Religieuſes qui, par de longs combats, ſont aguerries contre tout ce qui eſt du monde, il en eſt auſſi qui, encore foibles, peuvent être aiſément ſéduites par la vue & les diſcours des perſonnes mondaines.

Un S. Jérôme (*a*) dans les déſerts, après des veilles, des jeûnes, des macérations continuelles, eſt troublé dans ſa ſolitude, par le ſimple ſouvenir

(*a*) Voyez ſa Vie au 30 Septembre, (mêmes Vies des SS.)

de ce qu'il avoit vu dans le monde. Combien n'y a-t-il pas plus à craindre, lorſque les objets ſont préſens ! Ainſi, généralement parlant, rien de plus important pour des Religieuſes, que de n'admettre chez elles que des perſonnes qui ſuivent en entier la Régle de leur Ordre. Cependant, ſuppoſé que dans leur Couvent, il ſoit d'uſage d'admettre de grandes Penſionnaires, qu'au moins elles donnent la plus grande attention au choix qu'elles en feront. Il feroit à déſirer qu'elles n'y admiſſent que des perſonnes qui n'ont d'autre deſſein que de ſe conſacrer à Dieu. Combien de filles chrétiennes qui, ayant le plus ardent déſir d'être Religieuſes, n'ont pu y parvenir, faute de ſanté, ou par des circonſtances qui s'y ſont oppoſées, mais qui ont conſervé ſous un Habit ſéculier l'eſprit de Religion. Ce ſont des perſonnes ſemblables qui devroient être choisies. Elles ne pourroient qu'édifier les Monastères où elles feroient leur résidence.

Au contraire, par rapport à celles qui ont l'esprit du monde, tout est à craindre pour les Communautés qu'elles habitent. *Celui qui est de la terre*, dit J. C. (*a*) *parle de la terre;* & quels funestes effets ne peut pas avoir sur des âmes Religieuses un pareil langage ! Mais combien n'est pas plus funeste l'exemple de ces personnes, joint à l'étalage des Vanités de ce monde. Il peut devenir la perte spirituelle & temporelle même, des Communautés où elles demeurent. Un exemple aussi pervers ne peut qu'inspirer à des Religieuses, encore foibles dans l'attachement à leur sainte Régle, le désir de les imiter, autant que leur état le

(*a*) *Qui de terrâ est, de terrâ loquetur.* Joan. 3. 31.

peut permettre. De-là cette recherche de mondanité, ſous un Habit ſaint, recherche qui perd des Couvens entiers.

Cependant le bien public, & même celui des familles demandent quelquefois que les Religieuſes ſe chargent de grandes Penſionnaires. La charité doit en bien des circonſtances les y engager. Mais, en ces cas, les Supérieures doivent veiller exactement pour le bien de leurs Religieuſes en général, & des Penſionnaires en particulier, à ce que ces dernières s'habillent avec la ſimplicité chrétienne. Sans cela ces Supérieures tomberoient dans la condamnation qui vient d'être prononcée par les ſaintes Ecritures & les SS. Pères (*a*), contre tout ceux & celles qui n'ont pas ſoin des perſonnes confiées à leur vi-

(*c*) Voyez le commencement de ce Chapitre.

gilance. La charité ſeule, & non l'intérêt, doit donc faire le choix des Penſionnaires des Couvents; &,quand une Communauté ſe trouveroit dans une extrémité telle qu'elle ſeroit ſur le point de périr, on ne devroit point y admettre des Penſionnaires capables de la ſcandaliſer par l'amour des Vanités de ce monde, lors même que la ſomme qu'elles offriroient pour leur penſion, pourroient relever cette Communauté. En cette circonſtance les Supérieures doivent penſer comme S. Jean l'Aumônier, & dire comme lui à celles qui feroient de ſemblables offrandes (*a*) : *Votre offrande eſt très-bonne en ſoi, & vient fort à propos ; mais elle eſt défectueuſe, & ne peut-être agréable à Dieu. Quant* à cette Communauté, *Dieu qui l'a nourrie, avant que nous fuſſions nés, vous & moi, la nourrira bien encore à préſent,*

(*a*) Même Vie des SS. au 23 Août.

pourvû que nous ſoyons fidéles à obſerver ſes Commandemens (a).

Nous prions toutes les Supérieures de Communautés de ſe ſouvenir, que ce n'eſt pas en vain qu'elles portent ce titre; que tous les devoirs des pères & mères, de Paſteurs même y ſont attachés; & que, comme un père & une mère ſont reſponſables devant Dieu de ce qui ſe paſſe d'irrégulier dans leur maiſon, & un Paſteur dans ſon Egliſe, une Supérieure ſera tenue de rendre compte à Dieu, de tout ce qui ſe paſſeroit dans ſon Couvent contre les ſaintes Régles.

(a) Tobie 4, ℣. 23.

CHAPITRE XI.

Dans lequel on examine, S'il eſt permis aux femmes de changer l'Habit de leur ſexe, en s'habillant en Amazone.

Avis court mais important aux Pères & mères.

MON but dans cet Ecrit, étant de parler contre l'amour des Parures & du Luxe dans les Habits, je ne crois pas m'écarter de mon ſujet, en examinant *S'il eſt permis aux femmes de changer l'Habit de leur ſexe, en s'habillant en Amazone.* Il s'agit en effet, dans ce Traité, de propoſer les régles qu'il faut ſuivre pour s'habiller chrétiennement. Or je demande ſi c'eſt s'habiller chrétiennement, que de *changer l'Habit de ſon ſexe, en s'habillant en Amazone.* Je vais prouver dans ce Chapitre, que *ce changement n'eſt pas permis.*

Qu'on consulte la Loi de Dieu, qui seule est la régle sûre de notre conduite, & l'on verra, du premier coup d'œil, que ce changement d'Habit y est expressément défendu. Dans le Deutéronome (*a*), on lit ces paroles si claires : « Une femme ne prendra » pas un Habit d'homme, ni un » homme ne prendra pas un Habit » de femme. Car quiconque le » fait, *est abominable* devant Dieu ». S. Ambroise, dans sa Lettre à Irénée, après avoir cité ces paroles, dit à ce sujet (*b*) : « Si vous » examinez la chose de près, vous

(*a*) Deutéron. ch. 22, ℣. 5.

(*b*) *Si verè discutias, incongruum est; ipsa etiam abhorret Natura.... Cur alienam tibi assumis speciem?... Cur mentiris feminam, vel tu, femina, virum?... Suis unumquemque sexum induit Natura Indumentis.... Mendacium & in verbo turpe est, nedùm in Habitu.... Meritò illic non servatur castimonia, ubi non tenetur sexûs distinctio.* Ambr. Ep. 69, Epistolarum classe, 2ª. t. 2, p. 1061, nos 4 & 7.

» verrez que le changement d'Ha-
» bit de ſon ſexe eſt indécent, &
» que la Nature en a horreur.
» Pourquoi, ajoute ce Père, pre-
» nez-vous une figure étrangère?
» Pourquoi, ô homme, contre-
» faites-vous la femme? & vous,
» femme, pourquoi contrefaites-
» vous l'homme? La Nature a don-
» né à chaque ſexe les Habits qui
» lui ſont propres. Il eſt honteux
» de mentir, non-ſeulement par
» les paroles, mais même par les
» Habits. Certainement la Chaſteté
» eſt mal gardée, lorſqu'on n'ob-
» ſerve pas la diſtinction des
» ſexes ».

Eſtius, ce célébre Interpréte de l'Ecriture Sainte (*a*), expliquant l'endroit du Deutéronome, que je viens de citer, parle ainſi: « Dieu défend aux hommes & aux » femmes de changer d'Habits, &

(*a*) Traités des Lieux les plus difficiles de l'Ecriture, p. 89.

» de se vêtir d'une manière différente de celle de leur sexe, » pour empêcher le scandale & » les désordres qui peuvent en » naître. La femme, en changeant » ainsi d'Habits, se dépouille assez » aisément de la modestie & de la » pudeur naturelle à son sexe. Et » l'homme aussi, en prenant l'Habit qui convient à la femme, » donne lieu de craindre qu'il n'en » ait la molesse & l'esprit; ce qui » est un renversement de la Nature, *abominable* aux yeux de » Dieu ».

M. de Saci, sur ce même endroit, observe (*a*) que « Dès » que Dieu déclare lui-même un » tel changement *abominable*, il » faut être bien téméraire & bien » hardi pour le croire *innocent*, & » encore plus pour le dire. Quand » Dieu parle, avons-nous autre

(*a*) Grande Bible, Deutéron. ch. 22, ỳ. 5.

» chôſe à faire que de l'écouter, » de le croire, de penſer & de » parler comme lui. Il connoît, » mieux que nous, le mal qu'il y » a dans ce qu'il défend, & pourquoi il le défend ſi ſévèrement ».

S. Auguſtin n'héſite pas à appeller « *Infâmes*, les hommes qui » ſe montrent en Habits de » femmes (*a*). Je ne ſçais, dit » ce ſaint Docteur, ſi je dois » les appeller de *fauſſes-femmes*, » ou de *faux-hommes ;* le nom qui » leur convient le mieux, & que » nous pouvons leur donner ſans » nulle difficulté, eſt celui *de vrais* » *Comédiens, de vrais Bouffons* & » *de vrais Infâmes* ». Ce que S. Auguſtin dit ici des hommes qui prennent un Habit de femme,

(*a*) *Credo jurè* INFAMES *inſtabileſque haberi qui muliebri Habitu ſeſe oſtendunt.... Quos meritò utrùm falſas mulieres an falſos viros vocem ; veros hiſtriones, veroſque* INFAMES, *ſine dubio poſſumus vocare.* Soliloq. l. 2, ch. 16, n. 30, t. 1, p. 381.

qu'ils ſont des *infâmes*, doit encore plus évidemment ſe dire des femmes qui prennent un Habit d'homme.

On ſçait qu'elle autorité ont dans l'Egliſe, les déciſions de S. Thomas, appellé particulièrement le *Docteur Angélique*, à cauſe de la ſublimité & de la ſûreté de ſa Doctrine. Ce ſaint Docteur établit pour principe, que « La manière de s'habiller, doit être telle » qu'elle convienne à la condition » de la perſonne, ſelon l'uſage » ordinaire (*a*) ». Or le changement d'Habit de ſon ſexe en celui de l'autre ſexe, n'eſt-il pas contraire à l'uſage établi par toutes les Nations? Et l'ordre naturel n'exige-t-il pas que le Vêtement diſtingue ceux qui le ſont par le ſexe?

(*a*) *Cultus exterior debet competere conditioni perſonæ, ſecundùm communem conſuetudinem.* 2â, 2æ, Q. 169. à 2â. ad 3am.

Ce ſaint Docteur, (dans la même Queſtion) décide nettement que « C'eſt un déſordre qu'une femme » porte un Habit d'homme, & un » homme, un Habit de femme; » principalement, parce que c'eſt » une occaſion qui peut faire tom- » ber dans le péché d'impureté; » & que cela eſt défendu par les » ſaintes Ecritures ». S. Thomas a certainement en vue les paroles du Deutéronome, rapportées ci-deſſus, *p.* 195 (*a*).

Ce ſaint Docteur dit encore, dans un autre endroit de ſa Somme, que « Le changement d'Habit de » ſon ſexe n'eſt propre qu'à allu- » mer dans les âmes le feu de la » concupiſcence, & à exciter les » paſſions (*b*) ». Nous portons

(*a*) *De ſe vitioſum eſt quod mulier utatur Veſte virili, aut è converſo; & præcipuè, quia hoc poteſt eſſe cauſa laſciviæ, & ſpecialiter prohibetur in Lege.* Ibid.

(*b*) *Quòd mulier induatur Veſte virili, aut è converſo, incentivum eſt concupiſcentiæ.*

tous en nous le feu de cette concupiſcence, qui eſt ſi dangereux, & qui s'allume ſi aiſément. S. Jacques dit que (*a*) « Chacun eſt » tenté par ſa propre concupiſcen- » ce, ſe laiſſant prendre & entraî- » ner par ſes douceurs ». C'eſt un ennemi contre lequel nous devons toujours être en garde, parce qu'il peut, à tout moment, nous porter quelque coup mortel; & notre plus ſérieuſe, & même notre continuelle occupation doit être de combattre cet ennemi avec beaucoup de force. Mais le malheur d'un grand nombre de Chrétiens eſt au contraire de lui donner trop ſouvent des armes contre eux-mêmes, en faiſant & ſe permettant ce qui ne peut qu'enflammer cette concupiſcence en ſoi-même & dans les autres.

& occaſionem præſtat libidini. 1a, 2æ, Q. 102. à 5â. ad 6am.

(*a*) *Unuſquiſque tentatur à concupiſcentiâ ſuâ, attractus & illectus.* Ch. 1, ℣. 14.

L'Habit d'homme donne à une femme, quand elle s'en revêt, un air plus libre & plus hardi. Comment une femme habillée en *Amazone*, se présente-t-elle? Comment salue-t-elle? Elle se présente ordinairement & salue en cavalier, plutôt qu'en femme. Et peut-on croire que cette manière de se présenter & de saluer, soit bien convenable à une personne du sexe, dont la modestie doit faire le plus bel Ornement? Croit-on que les Apôtres & les SS. Pères, qui ont été si sévères sur la modestie, eussent vu avec plaisir les femmes & les filles Chrétiennes se présenter ainsi, de leur temps? S. Paul vouloit que *les femmes eussent la tête couverte d'un voile*. Combien sont éloignées d'observer cette régle de modestie les personnes du sexe, qui s'habillent *en Amazones*. Le Chapeau qu'elles ont sur la tête, ne la leur laisse-t-il pas beaucoup plus découverte que si elles avoient la Coëffure convenable à leur sexe? Et, ayant le visage ainsi découvert, leur vue n'en est-elle pas plus frappante &, par-là, plus capable de faire de dangereuses impressions sur un grand nombre d'hommes &, sur-tout, de jeunes-gens, qui sont bien éloignés d'*avoir fait*, comme le saint homme Job (*a*), *un pacte avec leurs yeux, pour ne pas penser même à une Vierge*. Une preuve sensible de ce que dit S. Thomas, « Que la vue » d'une personne du sexe, habil» lée en homme, est très-propre » à exciter la concupiscence », ce sont les paroles libres & indécentes qu'on leur adresse avec plus de hardiesse, & plus souvent, quand on les voit en cet état, que dans leur Habillement ordinaire. Je veux bien supposer que ces discours libres déplaisent à plusieurs d'entr'elles, & même

(*a*.) Ch. 31, ℣. 1.

qn'elles le font voir par l'air d'improbation, qui paroît ſur leur viſage, lorſqu'on les leur tient. Mais dans le fonds ne ſont-elles pas toujours coupables de donner, par leur changement d'Habits, occaſion à de pareils propos, auxquels elles pourroient & ne devroient même pas, ni s'expoſer, ni donner lieu? L'Egliſe, dans ſes Conciles, a prononcé *Anathême* contre les femmes & les filles qui prendroient un Habit d'homme. Or l'Egliſe ne prononce jamais *Anathême*, que contre ceux ou celles qui tombent dans quelque péché conſidérable. Voici les paroles du Concile de Gangre, tenu dans le quatriéme ſiécle : « Si une » femme, dit-il, change ſon » Habit, & qu'à la place de ſon » Habit ordinaire, elle en prenne » un d'homme, qu'elle ſoit *Ana-* » *thême* (a) ».

(a) *Si qua mu ier Veſtem mutat ; &*

Le Clergé de France a fait imprimer à part les Canons pénitentiaux de S. Charles, pour que tous les Confesseurs les étudient avec soin, & qu'en étant bien instruits, ils se réglent sur leur esprit, dans l'administration du Sacrement de Pénitence, & qu'ils soient, comme parle S. Paul (*a*), des dispensateurs fidéles des Mystères de Dieu. Or l'un de ces Canons porte expressément « Qu'un » homme qui se sera travesti, en » prenant un Habit de femme ; » & qu'une femme qui aura mis » un Habit d'homme, soient mis » en pénitence pendant trois ans, » s'ils ont manqué à la promesse » qu'ils avoient faite, de ne plus » changer ainsi l'Habit de leur » sexe (*b*) ». L'Église auroit-elle

---

pro solito muliebri Amictu virilem sumit, Anathema sit. Can. 13.

(*a*) 1. Cor. c. 7, ℣. 1.

(*b*) *Qui vir faciem suam transformavit Habitu muliebri, & mulier Habitu viri,*

imposé une pénitence de trois ans, pour une faute légère?

Prétendroit-on s'autoriser, pour excuser ce changement d'Habits de son sexe, de l'exemple de plusieurs Saintes, dans les Vies desquelles on lit qu'en certaines occasions, elles ont pris des Habits d'homme? Je réponds en premier lieu (avec le sçavant Estius) aux personnes qui prétendroient s'autoriser de ces exemples, que « Ces » Saintes n'ont, en certaines oc- » casions, changé les Habits de leur » sexe, que par une inspiration » particulière de Dieu, qui n'est » pas assujetti à ses propres loix » & qui, en ces cas extraordinai- » res, les en a dispensées. Quand » Dieu, dit S. Augustin, com- » mande une chose qui est con- » traire à une loi qu'il a faite, ce » Commandement tient lieu de loi,

---

emendationem pollicitus, annis pœnitens sit tribus. Act. Eccl. Mediolan. part. 7, t. 1, p. 442.

» parce que Dieu étant l'Auteur de » la Loi, il peut s'en dispenser » lui-même, quand il veut (*a*) ».

J'ajoute en second lieu, avec ce même Théologien, que « Ces » exemples ne sont pas rapportés » pour qu'on les imite; mais pour » qu'on y admire, sans vouloir » en pénétrer les raisons, la con- » duite de Dieu, qui, comme » parle le Prophète, *est admirable* » *dans ses Saints* (*b*) ».

Il n'est pas douteux, qu'en changeant l'Habit de son sexe, on ne scandalise les personnes qui ont de la piété. Et, comme elles seules peuvent bien juger de ce qui est bon ou mauvais, ou in-

---

(*a*) *Cùm jubet ille qui legem constituit, aliquid fieri quod in lege prohibuit; jussio illa pro lege habetur, quoniam Autor est Legis.* In Levit. Q. 56, t. 3, Part. 1, p. 515.

(*b*) *Hæc non sunt tradenda ad imitationem; quædam enim sanctorum facta miranda potiùs quam imitanda.* Estius in c. 22, ℣. 5. Deuteron.

différent pour la conſcience ; & qu'au contraire , les perſonnes qui ont l'eſprit du monde , ſont de mauvais Juges dans ce qui regarde la régle des mœurs & la vie chrétienne , il eſt évident que c'eſt au jugement de ces perſonnes d'une piété ſincère & éclairée , qu'il faut s'en rapporter ſur ce changement d'Habits de ſon ſexe. Or y a-t-il une ſeule de ces perſonnes qui n'en ſoit malédifiée , & qui ne ſe ſente portée à le condamner ? Je demande même ſi aucune de celles qui ſe le permettent , n'ont pas eu ſur cela , du moins dans le commencement , quelque répugnance , quelque doute , & quelque peine de conſcience. Je demande ſi elles n'ont pas quelque temps héſité , avant que de ſe le permettre. Quant à beaucoup d'autres perſonnes qui commettent , ſans remords , de très-grandes fautes , & qui ménent tranquillement une vie toute opposée aux régles & aux maximes de l'Evangile, si elles n'ont aucune difficulté sur l'Habit d'*Amazone*, faut-il en être surpris; quand la conscience n'est pas éclairée, ni délicate sur beaucoup de chôses qui devroient l'allarmer, il ne faut pas s'attendre qu'elle le sera sur le point de morale que je traite.

Mais, dit-on, c'est une foiblesse d'esprit que de se malédifier, en voyant une personne habillée en *Amazone;* & ne doit-on pas, ou du moins ne peut-on pas mépriser un tel scandale?

Après les passages que j'ai rapportés, tant de l'Ecriture, que des saints Pères & des Conciles, qui condamnent le changement d'Habits de son sexe, peut-on dire raisonnablement que c'est *une foiblesse d'esprit de s'en malédifier*? Les saints Pères & les Evêques, dont les Conciles étoient composés, étoient-ils de petits esprits? Mais, quand ce seroit par foiblesse d'esprit, que plusieurs se scandaliseroient de ce travestissement; la charité qu'on doit au prochain, ne demanderoit-elle pas qu'on y eût quelqu'égard, & qu'on évitât ce qui est pour eux un sujet de scandale, pouvant le leur épargner. *Si quelqu'un*, dit J. C. (*a*), *est un sujet de scandale & de chûte à l'un de ces petits qui croyent en moi; il vaudroit mieux pour lui qu'on lui pendît au cou une meule de moulin, & qu'on le jettât au fond de la mer.*

Remarquez que c'est particulièrement du scandale *des petits & des foibles*, que J. C. parle ici; il ne veut pas par conséquent qu'on le méprise. Qu'on lise le Chap. 8, de la 1. Ep. de S. Paul aux Corinthiens, & l'on verra le jugement qu'il porte de cette prétendue force d'esprit, qui fait qu'on ne craint pas de scandaliser

(*a*) Matth. c. 18, ℣. 6.

les foibles & les petits, par une conduite qu'on peut éviter. Au temps de cet Apôtre, il y avoit des Chrétiens foibles qui croyoient mal-à-propos, que c'étoit un péché de manger des viandes immolées aux Idoles. D'autres plus inſtruits, & d'une conſcience plus éclairée, croyoient qu'on pouvoit en manger ſans pécher. S. Paul étoit de ce ſentiment, parce que, comme il le dit, « l'Idole n'étant » rien, elle ne pouvoit imprimer » aucune qualité mauvaiſe & dan- » gereuſe à la chair des animaux » qui lui étoient offerts ». Cependant, ce ſaint Apôtre exhortoit les Fidéles plus inſtruits, & qui croyoient qu'on pouvoit manger de ces viandes ſans péché, à s'en abſtenir, s'ils ne pouvoient en manger, ſans ſcandaliſer ceux de leurs frères qui étoient foibles. La raiſon qu'en donne le ſaint Apôtre, « C'eſt » que leurs exemples portoient » les Chrétiens foibles à en man-

» ger, contre leur conſcience; » n'oſant pas ſe diſtinguer de ceux » qu'ils voyoient en manger, & » par-là, les expoſoient à pécher. » Car tout ce qui eſt fait contre » la conſcience, ne peut ſe faire » ſans péché ». C'eſt ce que ſignifie cette ſentence de l'Apôtre : « Tout ce qui n'eſt pas ſelon la » Foi, eſt péché (*a*) ». Ici le ſaint Apôtre prend le nom de *Foi* pour la *Conſcience*, par laquelle on croit les chôſes bonnes ou mauvaiſes.

Pour détourner ces Chrétiens plus inſtruits & plus forts, de ſcandaliſer ainſi les âmes foibles, S. Paul leur diſoit (*b*) : « Vous » perdez par votre ſcience, votre » frère encore foible, pour lequel » Jéſus-Chriſt eſt mort. Or, péchant » de la ſorte contre vos frères, » & bleſſant leur conſcience, qui

(*a*) *Omne quod non ex Fide, peccatum eſt.* Rom. c. 14, ℣. 23.

(*b*) 1. Cor. c. 8, ℣. 11 & 12.

» eſt foible, vous péchez contre » Jéſus-Chriſt même ».

A cette exhortation, par laquelle S. Paul s'efforce d'empêcher qu'on ne ſcandaliſe les foibles, il joint ſon exemple, en ajoutant : « Si » donc ce que je mange, ſcanda- » liſe mon frère, je ne mangerois » plutôt jamais de chair toute ma » vie, pour ne pas ſcandaliſer » mon frère, qui eſt foible (*a*) ». Héſitera-t-on à convenir qu'il y a plus de ſujet d'être ſcandaliſé, en voyant une perſonne du ſexe habillée en homme, qu'il n'y en avoit du temps de S. Paul, pour une perſonne foible, de voir un Fidéle plus inſtruit, manger des viandes immolées aux Idoles ? Ce n'étoit pas une chôſe mauvaiſe en ſoi, que de manger de ces viandes ; au lieu que rien ne peut excuſer le changement d'Habit de ſon ſexe.

(*a*) Ibid, ℣. 13.

Mais, dit-on, si c'est un aussi grand mal qu'on veut le faire entendre dans cet Ecrit, que les personnes du sexe s'habillant *en Amazone*, changent par-là les Habits de leur sexe; pourquoi les Casuistes & les Confesseurs ne sont-ils pas d'accord sur ce mal, pour le défendre ? Malheureusement il y a bien d'autres points, sur lesquels ils ne sont point autant d'accord, qu'ils devroient l'être. Ce n'est pas-là une raison qui puisse justifier ce que Dieu condamne. Par exemple, il n'y a que trop de Casuistes & de Confesseurs qui permettent des contrats & des pratiques usuraires; l'usure en est-elle plus permise pour cela ? Le Saint-Esprit dit dans le Livre des Proverbes : *Il y a une voie qui paroît droite à l'homme, & dont la fin conduit à la mort* (*a*). Le Saint-Esprit a jugé si important qu'on soit convaincu

(*a*) Ch. 14, ℣. 19.

de cette vérité, qu'il l'a encore répétée, deux Chapitres après (*a*). Peu auparavant il avoit dit (*b*) : *La voie de l'Insensé est droite à ses yeux.* C'est le pécheur que le Saint-Esprit appelle ici *Insensé*, & il fait entendre par-là qu'il mérite d'autant plus de se tromper & d'être trompé, qu'il craint plus qu'on ne lui enseigne la voie de Dieu dans la vérité, & qu'il désire plus d'être flatté dans ses mauvais désirs. Si, par une juste punition de ce qu'il craint la lumière, & de ce qu'il aime les ténèbres, Dieu permet qu'il s'engage, ou qu'on l'engage dans une voie qu'il croit droite, & qui ne l'est pas, le Saint-Esprit décide qu'il ne va pas moins à la mort. Voulons-nous donc éviter ce malheur que nous ne pouvons trop craindre, demandons souvent à Dieu, & avec

(*a*) Ch. 16, ℣. 3.
(*b*) Ch. 12, ℣. 15.

instance, que la lumière de sa parole conduise toujours nos pas, & qu'elle éclaire toujours ceux que nous consulterons pour les affaires de notre conscience. Ne perdons jamais de vue que, *Dans les choses douteuses, il faut toujours prendre le parti le plus sûr* (a); sur ce principe de Tertulien, « qu'On » ne peut prendre trop de sûreté, » quand il s'agit de l'éternité (a) ». Quand il s'agit de faire réussir une affaire temporelle, qu'on juge un peu importante, quelle précaution ne prend-on pas? N'en faut-il pas prendre infiniment plus pour les affaires de la conscience, & pour assurer son salut.

Mais les personnes, qui, en s'habillant *en Amazone*, conservent quelques-uns des Vêtemens de leur sexe, ne peuvent-elles pas

---

(a) *In dubiis tutior pars eligenda.*

(b) *Nulla satis magna securitas, ubi periclitatur æternitas.*

être

être excuſées, ou au moins tolérées ? Je réponds, d'abord, que parmi celles qui s'habillent *en Amazone*, pluſieurs ne prennent pas même cette précaution. De plus je ne vois pas que, dans la Loi du Deutéronome, qui défend *de prendre un autre Habit que celui de ſon ſexe*, il y ait aucune reſtriction ni exception de perſonnes, de quelque qualité qu'elles puiſſent être ; &, dès que, dans la Loi, il n'y a aucune exception ni reſtriction, nous eſt-il permis d'en mettre quelqu'une ? C'eſt une maxime de Droit, que, *Quand la Loi ne diſtingue pas, nous ne devons pas non plus diſtinguer* (*a*). Qu'une perſonne habillée *en Amazone*, conſerve quelques-uns des vêtemens de ſon ſexe, elle ſera avec cela toujours plus habillée en homme qu'en

(*a*) *Ubi Lex non diſtinguit, nec diſtinguere fas eſt.*

femme; & il me ſemble que c'eſt ce qui eſt défendu par la Loi du Deutéronome.

Enfin on dit que c'eſt pour ſa ſanté, & par le conſeil des Médecins, qu'on eſt obligé de monter à cheval, & qu'on ne le peut avec ſes Habits ordinaires.

Mais je demande 1° Si les Médecins les plus habiles & même les plus religieux, croyent ce reméde ſi efficace & ſi néceſſaire, qu'il ne puiſſe être ſuppléé par aucun autre? 2° Combien de femmes montent à cheval ſans changer d'Habit? 3° Ce reméde, s'il en eſt un, n'opéreroit-il pas ſur une perſonne du ſexe qui ſeroit à cheval avec ſes Habits ordinaires? 4° Ce changement d'Habit de ſon ſexe, *étant* (ſelon S. Thomas) *très-ſouvent une occaſion de luxure*, ſi l'on a la crainte de Dieu & le déſir de ſe ſauver, ne ſera-t-on pas diſpoſé à ſacrifier, s'il le faut, la ſanté de ſon corps, pour ne point perdre ſon âme ni celle des autres? 5° Enfin, pour que les remédes opérent, il faut que Dieu les béniſſe; & a-t-on lieu d'eſpérer que Dieu béniſſe l'uſage d'un moyen qu'il réprouve dans ſa Loi?

Je ne puis terminer ce Chapitre, ſans donner un court, mais important *AVIS* aux Pères & Mères, contre un abus que nous ne voyons que trop régner. Cet abus intolérable conſiſte à faire changer à de jeunes Filles l'Habit de leur ſexe, & à leur faire porter (juſqu'à l'âge de neuf ou dix ans) l'Habit de l'autre ſexe. La bienſéance chrétienne me fait garder le ſilence ſur les déſordres qui peuvent naître de ce changement d'Habits; mais je ne puis m'empêcher de faire obſerver aux Pères & Mères ce qui ſuit. 1° Cet uſage tend à accoutumer les jeunes Filles *à ſe dépouiller peu-à-peu de la modeſtie & de la pudeur naturelle de leur ſexe.*

Il les met dans le cas, ſous cet Habit emprunté, de ſe familiariſer avec les enfans de l'autre ſexe. 3° Il leur fait contracter des habitudes qui infailliblement les rendront très-immodeſtes (ſi l'on ne les veille de près) lorſqu'enfin elles ſe revêtiront des Habits de leur propre ſexe. Ces trois obſervations (& celles que nous avons faites au Chapitre précédent) bien méditées par des Parens chrétiens, les engageront à préſerver leurs enfans de piéges auſſi dangereux.

CHAPITRE XII.

Dans lequel on montre que les principales vérités répandues dans cet Ouvrage, contre le Luxe des Habits & l'amour des Parures, ont été enſeignées par S. François de Sales.

APRÈS toutes les autorités que j'ai citées dans cet Ouvrage, *contre le Luxe & la Vanité des Habits*, je ne puis mieux terminer ce petit Traité, qu'en rapportant l'Article qu'on lit à ce ſujet dans la *Vie de S. François de Sales*, & ce qu'il en dit dans ſon *Introduction à la Vie dévote*. On trouvera dans ces deux extraits une récapitulatien des principales vérités répandues dans cet Ouvrage, contre le Luxe des Habits & l'amour des Parures.

SECTION I.

Extrait de la Vie de S. François de Sales. *Sentimens du ſaint Prélat ſur la bienſéance dans les Habits* *.

« LE Luxe a toujours été un » vice ; mais la mal-propreté ne » fut jamais une vertu. Le ſaint » Évêque condamne l'une avec » toute la ſévérité de l'Évangile ; » mais il approuve la propreté, » & la conſeille aux perſonnes qui » vivent dans le monde. Car c'eſt » pour elles qu'il a écrit, quoiqu'il » ſoit vrai pourtant qu'il ne la » blâme en aucun état. Il dit donc » contre le Luxe, à ceux qui » vivent dans le monde, qu'on

---

* Cet Extrait eſt tiré de la Vie de ce Saint, compoſée par M. Marſollier, Chanoine de l'Egliſe d'Uzès, & imprimé à Paris, en 1701, chez Dupuis, tom. 2, liv. 8, art. 22, *du Luxe*.

» doit ſuivre cet avis de S.
» Pierre (*a*) : *Ne mettez point votre*
» *Ornement à vous parer au-dehors,*
» *par la friſure des cheveux, par les*
» *enrichiſſemens d'or, & par la beauté*
» *des Habits ; mais à parer l'homme*
» *inviſible, caché dans le cœur, par*
» *la pureté incorruptible d'un eſprit*
» *plein de douceur & de paix ; ce*
» *qui eſt un riche & magnifique*
» *Ornement aux yeux de Dieu.*

» Il veut, avec S. Paul (*b*), que
» *les femmes qui font profeſſion de*
» *Piété*, (& il en faut, dit-il,
» dire autant des hommes) *ſoient*
» *vêtus d'Habits bienſéans, & qu'elles*
» *ſoient modeſtement parées.* Il ajoûte
» que les hommes qui s'occupent
» trop de leurs Parures, paſſent
» avec raiſon pour des efféminés,
» & les femmes pour être vaines
» & faciles. *Car*, dit-il, *ſi elles ont*
» *de la chaſteté ; elle ne paroît pas au*

(*a*) 1. Ep. ch. 3, ℣. 3 & ſuiv.
(*b*) 1. Tim. ch. 2, ℣. 9.

» *moins dans ces bagatelles. On dit* » *qu'on n'y penſe pas de mal; mais* » *je réponds que le Diable en penſe* » *toujours*. On s'expoſe donc, par » la Parure exceſſive, à de forts » mauvais jugemens. Il eſt rare » qu'on faſſe tant de dépenſes; » qu'on ſe donne tant de ſoins, » & qu'on prenne tant de peines » pour plaire à un mari, à qui » pourtant une honnête-femme » doit uniquement ſe piquer de » plaire. Il pourroit arriver qu'on » n'auroit pas d'autre intention; » mais le monde n'en juge pas » ainſi, & l'on eſt toujours reſpon- » ſable des mauvais jugemens » qu'on fait faire. L'honneur & » la réputation à l'égard d'une » femme, doivent l'emporter ſur » tous les égards humains. Tout » ce qui peut y donner la moindre » atteinte, doit être retranché.

» Mais la Parure expoſe en- » core à de grandes tentations; » on ne s'adreſſe guères à une

» femme modeste & modeste-
» ment vêtue ; on juge de son
» cœur par ce qui paroît au-de-
» hors. Comme on croit qu'elle
» ne cherche point à plaire, on
» ne pense pas à la tenter. Le
» Luxe, au contraire, invite,
» attire, enhardit ; qui n'évite pas
» le péril, le rencontre souvent,
» sans le chercher. La vertu timide
» fuit le grand jour ; & l'ennemi
» de notre salut ne manque jamais
» de profiter des moindres occa-
» sions que nous lui donnons pour
» nous perdre. C'est ce que le
» saint Prélat veut dire dans ces
» paroles : *On dit qu'on n'y pense*
» *pas de mal ; mais je réponds,*
» *comme j'ai déjà répondu ailleurs,*
» *que le Diable en pense toujours.*

» Ce que le saint Prélat dit du
» Luxe des Habits, on peut le
» dire aussi de celui de la table,
» des équipages & des ameuble-
» mens. La charité chrétienne ne
» permet pas de faire tant de

» dépenses superflues, pendant » que les pauvres, qui sont nos » frères, manquent de toutes » choses, & meurent souvent de » faim. De quel œil un Chrétien » peut-il voir Jésus-Christ souf- » frant, dans ses membres, une » honteuse nudité, pendant qu'un » nombre d'inutiles valets, &, qui » pis est, des murailles mêmes » sont richement revêtues? N'est- » ce pas dans ces occasions qu'on » peut dire, avec S. Augustin, » *Que ceux qui n'assistent pas les* » *pauvres, sont leurs véritables meur-* » *triers* (*a*).

» Le saint Prélat reconnoît » pourtant (avec S. Louis qu'il » cite) que la condition doit ré- » gler ces sortes de dépenses. Il » y en a de permises aux Rois, » aux Princes, aux personnes di- » stinguées par leur naissance & » par leur rang, qui ne le sont

(*a*) *Non pavisti, occidisti.*

» pas à des particuliers qui n'ont » point d'autre distinction dans le » monde que celle que leur ac- » quèrent des richesses souvent » mal acquises. Il avoue même » qu'on peut avoir égard à l'âge ; » qu'on peut souffrir dans de » jeunes gens, ce que des per- » sonnes âgées, des femmes ma- » riées, des veuves ne se doi- » vent point permettre ; mais, en » tout état, en tout âge, en toute » condition, il veut qu'on évite » la superfluité, & qu'on se sou- » vienne toujours de la modestie » chrétienne. Voilà les sentimens » de ce grand Évêque sur le *Luxe.*

» Pour ce qui est de la pro- » preté, il la loue & il la recom- » mande ; il prétend même que » la propreté extérieure est la » marque d'un esprit bien réglé, » & qu'elle représente l'honnê- » teté intérieure. Il remarque en- » core que Dieu demande la pro- » preté corporelle dans ceux qui

» approchent de ſes Autels, & » qui ſont, pour ainſi-dire, les » ſurveillans de la Piété. Il ſou- » tient que c'eſt mépriſer ceux » qu'on fréquente, que de vou- » loir vivre avec eux avec des » Habits mal-propres, & qui les » choquent. Mais, en recomman- » dant la propreté, il veut qu'on » évite l'afféterie & ces curioſités » vaines & ſuperflues, qui ne ſer- » vent qu'à contenter la vanité. » *Tenez-vous*, dit-il, *tant qu'il » vous ſera poſſible, dans un état » ſimple & modeſte.* Cet état eſt » toujours ſans doute le plus » grand ornement de la beauté, » & la meilleure excuſe pour la » laideur.

» Le ſaint Prélat étoit d'une » exactitude extrême à retran- » cher toute ſuperfluité dans les » Habits de ceux qui étoient ſous » ſa conduite. On peut ſe ſouve- » nir, à cette occaſion, de la » manière dont il en uſa à l'égard

» de Madame de Chantal, dès les » premiers jours qu'il l'eût con» nue. *Un jour* (dit l'Auteur de » ſa Vie en abrégé) *le ſaint Evê» que, la voyant un peu plus ajuſtée » qu'à l'ordinaire, lui dit : Madame, » laiſſeriez-vous d'être propre, ſi vous » n'aviez cette petite Dentelle à votre » Coëffe, & ces Glands à votre Mou» choir. La ſainte Veuve, ſur le champ, » coupa les Glands, & fit découdre » le ſoir la Dentelle.* Ces remar» ques ſont petites ; mais elles » font connoître combien le ſaint » Evêque étoit ennemi, non-ſeu» lement du Luxe, mais encore » de la ſuperfluité dans les Ha» bits.

» On peut dire en général qu'il » en eſt de la manière de s'ha» biller, comme du langage. Dans » l'un & dans l'autre, il faut évi» ter l'affectation ; ne ſe rendre » eſclave ni de la nouveauté ni » de la mode ; ne ſe point piquer » de renchérir, ni d'aller plus loin

» que les autres, & ne s'obſtiner
» pas non-plus à ne ſe pas confor-
» mer au plus grand nombre; les
» régles de la modeſtie, étant
» d'ailleurs exactement gardées.
» La ſingularité fut toujours un
» mauvais caractère; il faut l'é-
» viter avec ſoin, ſur-tout dans
» les choſes qui regardent le
» Public.

» S. Louis (cité par S. François
» de Sales) donnoit ſur cela une
» excellente régle. *Il faut*, diſoit-
» il, *que chacun s'habille ſelon ſa*
» *condition, de ſorte que les ſages*
» *& les bons ne puiſſent dire: Vous*
» *en faites trop; ni les jeunes-gens:*
» *Vous en faites trop peu. Mais, ſi*
» *les jeunes-gens ne veulent pas ſe*
» *contenter de la bienſéance, il faut*
» *s'en tenir à l'avis des Sages.*

» Le ſaint Prélat n'étoit pas
» ſeulement exact à retrancher le
» Luxe & la ſuperfluité dans les
» autres, il en donnoit lui-même
» l'exemple, avec une fidélité qui

» alloit, pour ainſi-dire, juſqu'au » ſcrupule. Outre ce que l'on a » rapporté dans ſa Vie de ſa fru- » galité dans ſa table, de ſa mo- » deſtie dans ſes meubles & dans » ſes Habits, & du retranchement » entier de toutes ſortes d'équi- » pages, on voit dans une de ſes » lettres, qu'il écrit confidemment » à une Dame très-vertueuſe, » que, depuis qu'il avoit quitté » le monde, pour embraſſer l'état » Eccléſiaſtique, il n'avoit jamais » porté des Bas d'Eſtame, ni de » Gants lavés, & qu'il n'avoit » même jamais voulu ſe ſervir de » Papier doré.

» Après cela n'y a-t-il pas lieu » de s'étonner qu'on ait eu la té- » mérité d'accuſer ce grand Évê- » que d'avoir eu trop d'indul- » gence pour le Luxe; & que » ceux qui le favoriſent encore » aujourd'hui, oſent ſe vanter de » ſuivre ſes maximes? On n'en- » treprend pas de l'en juſtifier;

» d'autres plus habiles l'ont déjà
» fait. On ſe contentera de ren-
» voyer à ſes ſentimens, qu'on
» vient de rapporter ; qu'on les
» examine avec attention, & l'on
» verra qu'on ne pouvoit pas
» donner aux gens du monde,
» des régles plus ſaintes & plus
» ſenſées pour la modeſtie des
» Habits ».

Après avoir entendu M. Marſollier nous expoſer les ſentimens de S. François de Sales ſur le Luxe & la Vanité des Habits, les Lecteurs entendront, je penſe, avec plaiſir, ce reſpectable Prélat expoſer lui-même ſes ſentimens ſur ce ſujet, avec cette aimable ſimplicité qui fait ſon caractère principal. Il les a conſignés, ces ſentimens, dans le Chapitre XXV de la IIIe Partie de ſon *INTRODUCTION A LA VIE DÉVOTE*, dont voici l'Extrait.

SECTION II.

*Extrait de l'*Introduction à la Vie dévote, *composée par S. François de Sales ; ses sentimens sur la Bienséance dans les Habits.*

« S. PAUL (dit le pieux Evê-
» que) veut que les femmes
» chrétiennes (il faut en dire au-
» tant des hommes), soient vêtues
» d'Habits conformes à la bien-
» séance, & qu'elles soient mo-
» destement parées. Or la bien-
» séance des Habits & des autres
» Ornemens dépend *de la matière*
» *de la forme & de la propreté. Quant*
» *à la propreté*, elle doit être
» presque toujours égale dans nos
» Habits, sur lesquels, autant que
» nous le pouvons, nous ne de-
» vons souffrir aucune tache. La
» propreté extérieure représente,
» en quelque façon, l'honnêteté
» intérieure. Dieu même, de-
» mande la propreté extérieure

» de ceux qui s'approchent de » ses Autels, & qui sont, pour » ainsi dire, les surveillans de la » Piété.

» *Quant à la matière & à la forme* » *des Habits*, la bienséance se » considère par plusieurs circon- » stances, du *temps*, de l'*âge*, des » *qualités*, des *compagnies*, des *oc-* » *casions*. On se pare ordinaire- » ment mieux aux jours de fête, » selon la grandeur du jour que » l'on célébre; dans le temps de » pénitence, comme au Carême, » on se néglige. Aux nôces, on » porte une robe nuptiale; aux » funérailles, des Habits de deuil; » & auprès des Princes, on se re- » vêt plus décemment que si l'on » étoit parmi des domestiques. » La femme mariée peut se parer, » quand elle est auprès de son » mari, & le doit même, s'il le » désire. Mais, si elle en fait au- » tant, quand elle en est éloi- » gnée, on demande à qui elle

» veut donc plaire par cette af-
» fectation. Les filles peuvent être
» plus ajustées.... On ne trouve
» pas même mauvais que les Veu-
» ves qui n'ont pas renoncé au
» mariage, se parent un peu,
» pourvû qu'il n'y ait rien dans
» leurs Ajustemens de contraire à
» la modestie. Comme elles ont
» déjà été mères de famille, &
» qu'elles ont passé par les angois-
» ses du veuvage, on ne doute
» pas qu'elles ne soient plus pruden-
» tes & plus retenues; mais, pour
» les vraies veuves, qui le sont
» de corps & de cœur, la mode-
» stie & l'humilité sont les Orne-
» mens uniques dont elles doivent
» se parer. En effet si elles cher-
» chent à plaire aux hommes,
» elles ne sont pas de vraies Veu-
» ves; &, si elles ne cherchent
» pas à leur plaire, pourquoi se
» servent-elles d'Ajustemens pro-
» pres à attirer leurs regards?....
» On se moque toujours des per-

» ſonnes âgées, quand elles cher-
» chent à plaire par la Parure.
» C'eſt une folie qui n'eſt ſuppor-
» table que dans les jeunes per-
» ſonnes.

» Soyez propre, Philothée; qu'il
» n'y ait dans vos Habits rien de
» contraire à la décence, ni qui
» puiſſe choquer. C'eſt mépriſer
» ceux qu'on fréquente, que de
» vouloir vivre parmi eux avec
» un Habit mal-propre & déſ-
» agréable à la vue. Mais gardez-
» vous bien des recherches vaines
» & folles dans la manière de
» vous habiller. Tenez-vous,
» autant qu'il vous ſera poſſible,
» dans un état ſimple & modeſte.
» Cet état eſt toujours, ſans dou-
» te, le plus grand Ornement de
» la beauté, & la meilleure excuſe
» pour la laideur. S. Pierre avertit
» principalement les jeunes fem-
» mes, *de ne point porter les Cheveux*
» *friſés*. Les hommes qui s'occupent
» de ces folies, paſſent pour des

» efféminés ; & les femmes pour » vaines & faciles. Car, si elles ont » de la chasteté, cette vertu ne » paroît pas dans ces Vanités. On » dit qu'on n'y pense pas de mal. » Je réponds, comme j'ai répondu » ailleurs, que *le Diable en pense* » *toujours*. Pour moi je voudrois » qu'un homme pieux & une fem- » me pieuse, fussent toujours le » plus proprement habillés ; mais » aussi qu'ils le fussent avec le » moins d'affectation possible sans » Luxe, &, comme il est dit au » Livre des Proverbes, qu'*ils fus-* » *sent parés de grâces, de bienséance* » *& de dignité* ».

CONCLUSION.

IL me ſemble que ce petit Traité préſente une lumière pour conduire dans les ténébres de cette vie, les pas de ceux & celles qui veulent ſe ſauver; ou, pour mieux dire, cette lumière nous eſt préſentée par le Saint-Eſprit, dans les ſaintes Ecritures; & par les Pères dans leurs Inſtructions & leurs Ecrits. Mais n'en ſera-t-il pas de cette lumière ſpirituelle, comme de la lumière ſenſible & extérieure du Soleil? Celle-ci eſt à charge aux yeux malades; ils ne peuvent la ſupporter, & ils s'en détournent; mais elle plait aux yeux ſains, & elle fait leur joie. Je ne doute donc pas que les vérités établies dans cet Ouvrage, ne ſoient bien reçues des perſonnes de Piété. J'ai en même-temps tout lieu d'appréhender qu'elles ne déplaiſent beaucoup aux perſonnes mondaines, loin d'en être touchées. Ces dernières ſe plaindront, peut-être même avec amertume, qu'on leur propoſe des régles ſévères, qui les gêneroient trop, ſi elles vouloient les ſuivre. Comme ſi ce qui étoit bon, vrai, pratiquable du temps des Apôtres & des SS. Pères, ne l'étoit plus du nôtre. Mais eſt-il étonnant que, comme la fiévre ôte à ceux qui en ſont attaqués, le goût des nourritures corporelles, les meilleures & les plus ſalutaires; de même la fiévre des paſſions & du péché ôte le goût des plus ſaintes vérités à ceux qui ſont brûlés de cette fiévre ſpirituelle. Qu'on guériſſe la fiévre du corps; & alors il prendra avec plaiſir & avec appétit, les nourritures dont il ne pouvoit même ſupporter la vue ni l'odeur, lorſque cette fiévre l'agitoit. De même, que Dieu guérisse dans une âme, l'amour du monde qui la dominée jusqu'alors, elle écouteta & elle lira avec plaisir les Vérités pour lesquelles elle n'avoit, avant sa conversion, que de l'éloignement & de la haine; &, au lieu de les critiquer & de les combattre, elle y applaudira & elle s'appliquera à les mettre en pratique. On voit tous les jours que les personnes bien converties louent & recherchent ce qu'auparavant elles blâmoient & fuyoient. Je ne m'attends pas que ce petit Ouvrage obtienne les suffrages du plus grand nombre; mais, pourvû que Dieu l'approuve & le rende utile à quelques âmes, mes désirs seront accomplis, ma peine récompensée, & mes prières exaucées.

EDITTO.*

MARCO ANTONIO del Titolo di S. Maria della Pace della S. R. C. Prete Card. *Colonna* della Santita di Nostro Signore Vicario Generale, &c.

L'APOSTOLICO zelo della Santitâ di Nostro Signore CLEMENTE XIV. felicemente Regnante non può non esser vivamente commosso in vista degli odierni abusi, che anno alterato la compostezza degli abiti femminili; e specialmente nel considerare, che il divoto Sesso, dimenticando il suo pio costume, non rispetti neppure l'Augusta Abitazione, che l'Altissimo si è fabbricata in terra per ivi dimorare fra noi nell'Eucaristico Sacramento, e ricevere le adorazioni, e i sacrificj da' seguaci della sua Evangelica Dottrina. Sono alla Santita Sua ben noti i rigorosissimi Editti, che fu-

* Cet Édit (en Italien) de N. S. P. le Pape Clément XIV. est traduit en François, ci-dessus, à la fin du Chapitre V. p. 89.

rono pubblicati dai due gloriosi Pontefici Innocenzo XI. e Clemente XI. sopra il più modesto e decente vestir delle Donne, particolarmente in un luogo dichiarato dall'istessa Sapienza, Casa di orazione e di Santità; ordinando che le medesime non ardissero di entrarvi, se non in aspetto di esemplar modestia, coperte, e velate secondo il precetto del Principe degli Apostoli, e del Dottor delle Genti.

Intenta dunque Sua Santità non meno al bene spirituale, che alla temporale felicità de' suoi Sudditi, e per rimuovere da essi gli effetti di quel rigore, con cui il Figlio di Dio si armò un tempo contro i Profanatori del Templo, ordina, che niuna Donna di qualunque condizione si avvanzi a metter piede nelle Chiese se non vestita nella forma più propria, e modesta, e che non possa dare alcun motivo di scandalo: riserbando al supremo suo arbitrio il castigo dovuto a chi non si uniformasse intieramente ai suoi santi, e religiosi voleri.

Pone inoltre la Santità Sua a carico de' Parrochi, Sagrestani, Confessori, e di ogni altro Superiore di qualunque Chiesa d'invigilare sull'esatta osservanza del presente Editto: che semmai usassero in ciò dissimulazione, e toleranza per qualsivoglia umano rispetto, soggiaceranno anch'essi alle dovute pene a seconda delle circostanze.

Non manchino altresì i Predicatori, Catechisti, ed altri Ministri Evangelici di cooperare a sì retto fine con le loro zelantissime esortazioni; mentre Noi in adempimento del nostro Offizio, e degli oracoli Santissimi porremo tutta la nostra possibil vigilanza, affinchè il decoro del Santuario sia degnamente rispettato, e la Santità Sua pienamente ubbidita. Dato dalla nostra solita Residenza questo dì 16. Dicembre 1770.

M. A. Card. Vicario.

ROMUALDO, Canonic. Onor. Segretario.

In Roma, nella Stamperia della Rev. Camera Apostolica, 1770.

L'Approbation du Cenſeur Royal, ci-devant pag. xij.

ci-devant pag. xij.

PERMISSION DU SCEAU.

LOUIS, PAR LA GRACE DE DIEU, ROI DE FRANCE ET DE NAVARRE: A Nos amés & féaux Conſeillers, les Gens tenans nos Cours de Parlement, Maîtres des Requêtes ordinaires de Notre Hôtel, Grand-Conſeil, Prevôt de Paris, Baillifs, Sénéchaux, leurs Lieutenans Civils & autres Nos Juſticiers qu'il appartiendra, SALUT. Notre amé le Sieur Auguſtin-Martin LOTTIN, l'un de nos Imprimeurs-Libraires à Paris, Nous a fait expoſer qu'il déſireroit faire imprimer & donner au Public un Ouvrage intitulé : *Traité contre l'Amour des Parures & le Luxe des Habits*, s'il Nous plaiſoit lui accorder Nos Lettres de Permiſſion pour ce néceſſaires; A CES CAUSES, voulant favorablement traiter l'Expoſant, Nous lui avons permis & permettons, par ces Préſentes, de faire imprimer ledit Ouvrage autant de fois que bon lui ſemblera, & de le faire vendre & débiter partout Notre Royaume, pendant le temps de *cinq années* conſécutives, à compter du jour de la date des Préſentes. FAISONS défenſes à tous Imprimeurs, Libraires & autres perſonnes, de quelques qualité & condition qu'elles ſoient, d'en introduire d'impreſſion étrangère dans aucun lieu de

Notre obéiſſance ; A LA CHARGE que ces Préſentes ſeront enregiſtrées tout au long ſur le Regiſtre de la Communauté des Imprimeurs & Libraires de Paris, dans trois mois de la date d'icelles ; que l'impreſſion dudit Ouvrage ſera faite dans Notre Royaume & non ailleurs, en bon papier & beaux caractères ; que l'Impétrant ſe conformera en tout aux Réglemens de la Librairie, & notamment à celui du 10 Avril mil ſept-cent vingt-cinq, à peine de déchéance de la préſente Permiſſion ; qu'avant de l'expoſer en vente, le Manuſcrit qui aura ſervi de copie à l'impreſſion dudit Ouvrage, ſera remis dans le même état où l'Approbation y aura été donnée, ès mains de Notre très-cher & féal Chevalier, Garde des Sceaux de France, le Sieur HUE DE MIROMENIL ; qu'il en ſera enſuite remis deux Exemplaires dans Notre Bibliothéque publique, un dans celle de Notre Château du Louvre, un dans celle de Notre très-cher & féal Chevalier Chancelier de France, le Sieur DE MAUPEOU, & un dans celle dudit Sieur HUE DE MIROMENIL ; le tout à peine de nullité des Préſentes ; Du contenu deſquelles vous mandons & enjoignons de faire jouir ledit Expoſant & ſes ayans-cauſe, pleinement & paiſiblement, ſans ſouffrir qu'il leur ſoit fait aucun trouble ou empêchement. VOULONS qu'à la copie des Préſentes, qui ſera imprimée tout au long, au commencement ou à la fin dudit Ouvrage, foi ſoit ajoutée comme à l'Original. COMMANDONS au premier Notre Huiſſier, ou Sergent ſur ce requis, de faire, pour l'exécution d'icelles, tous actes requis & néceſſaires, ſans demander autre permiſſion, & nonobſtant clameur de Haro, Charte Normande, & Lettres à ce contraires; Car tel eſt Notre plaiſir : DONNÉ à Paris, le *vingt-huitiéme* jour du mois d'*Avril* l'an *mil ſept-cent ſoixante-dix-neuf*, & de Notre Régne le cinquiéme. PAR LE ROI, EN SON CONSEIL : *Signé*, LE BÉGUE.

Regiſtré ſur le Regiſtre XXI. *de la Chambre Royale & Syndicale des Libraires & Imprimeurs de Paris*, N° 1687, fol. 116, *conformément aux diſpoſitions énoncées dans la préſente Permiſſion, & à la charge de remettre à ladite Chambre les huit exemplaires preſcrits par l'Article* CVIII *du Réglement de* 1723. *A Paris, ce* 29 *Avril* 1779.

Signé, QUILLAU, *Adjoint*.

De l'Imprimerie de LOTTIN, l'aîné, 1780.

LIVRES DE PIÉTÉ,

qui se trouvent chez le même Libraire.

RECUEIL de Canons pour Prime, divisés en neuf Parties, pour être distribués dans les neuf Volumes, tant du Missel que de la Quinzaine de Pâques, à l'usage de Paris, *par feû l'Abbé Jouannaux*, 1755. . . . . *in*-12 1 *vol. rel.* . . . . . . 1 liv. 16 s.

Dissertation sur l'Apocalypse, où l'on examine, 1° En quel temps elle a été écrite, 2° Quel en est l'objet, 3° Si elle a été écrite en Grec, en Hébreu ou en Syriac, *ou*, Observations sur ces trois points, à l'occasion du Prospectus de *M. Deshautesrayes*, sur ce divin Livre, *par M. L. E. Rondet*, *Paris*, 1776. *in*-12 & *in*-4° 1 *vol. broché*, . . . 15 s.

Dissertation sur le Rappel des Juifs, & sur le Chapitre XIe de l'Apocalypse, *par M. L. E. Rondet*, *Paris*, 1778, *in*-4° broché 3 liv. relié. . . 5. | *in*-12 broché 3 liv. relié. . . 4 5 s.

Preces Matutinæ ac Vespertinæ, è Sacris Scripturis & Liturgicis Libris depromptæ; Autore *L. E. Rondet*, . , *petit in*-12 *relié*. . . . . 1 liv. 16 s.

——Le même en papier fin. 2 liv. 5 s.

Année Spirituelle, contenant une Conduite & des Exercices pour chaque jour de l'année, propres à nourrir la Piété d'une Ame Chrétienne, (*Dédiée à la feue Reine, par feû M. l'Abbé Tricalet,*) *nouvelle Edition*, 1770, *petit in*-12 3 *vol. rel.* . . . . 8 liv. 5 s.

Histoire de l'Institution de la Fête du S. Sacrement, avec des Méditations & l'Office à l'usage de Rome & de Paris, *par feû le P. Hyacinthe de Montargon, Paris*, 1753, *in*-12, 1 *vol. rel.* 2 liv. 5 s.

Bibliothéque portative des Pères de l'Eglise qui renferme 1° l'Histoire abrégée de leur Vie; 2° l'Analyse de leurs principaux Ouvrages; 3° le Précis de leur Doctrine; 4° les plus belles Sentences extraites de leurs Ecrits, en Latin & en François, (*par feû M. Tricalet,*) . . *in*-8° 8 *vol. rel.* . . . . 40 liv.

Dictionnaire Apostolique, à l'usage de MM. les Curés des Villes & de la Campagne, & de tous ceux qui se destinent à la Chaire, *par le feû P. Hyacinthe de Montargon*, Augustin de Notre-Dame des Victoires, *Paris*, 1755, à 1758 in-8° 13 *vol. rel.* . . . . 65 liv.

Sentimens de Piété pour chaque jour du mois, *ou* Journée Chrétienne, *in*-24, *veau* . . . . 1 liv.

— Les mêmes, *in*-18, *veau* . . . 1 liv. 5 s.

L'Art de bien vivre & de bien mourir, contenant 1° la *Vie des Elus*, ou Exercice Chrétien pour bien vivre, *par le Frère Laurent-Etienne, Solitaire.* 2° La *Mort des Elus*, ou Exercice Chrétien pour bien mourir, *par le R. P. Archange, Religieux Pénitent du* 3e *Ordre de S. François.* 3° La *manière d'assister les*

Malades à la mort, *par le même Auteur : Paris*, 1777. . . . . *in*-18 1 *vol. rel.* . . . . 1 liv. 10 ſ.

Précis Hiſtorique de la Vie de J. C. *par l'Abbé Tricalet, nouv. Edit. in*-12, 1 *vol. rel.* 2 liv.

BIBLIA ſacra, Carminibus mnemonicis comprehenſa : *Pariſiis, Le Mercier*, 1749, ... *in*-8° 1 *vol. petit format. br. de* 32 *pag.* 12 ſ.

Liber Pſalmorum recens editus, & mendis quàmplurimis paſsìm repurgatus, cum Canticis ſacris. *Pariſiis, Joſſe*, 1733, *in* 16, 1 *vol. en feuilles, plié, battu & collationné.* . . . . 6 liv.

Le Nouveau Teſtament de N. S. J. C. traduit ſelon la Vulgate : *Paris, Bullot*, 1731, *in*-24, 1 *vol. rel.* . . . 1 liv. 10 ſ.

Le Nouveau Teſtament de N. S. J. C. traduit ſelon la Vulgate, par *de Barneville : Paris*, 1735, . . . *in*-12 2. *vol. rel.* . . . . 5 liv.

Paroles tirées du Nouveau Teſtament de N. S. J. C. pour éclaiter les *Perſonnes Religieuſes, par le P. Archange, in*-18 1 *vol. rel.* . . . . 1 liv.

L'Evangile analyſé ſelon l'ordre hiſtorique de la Concorde, avec des Diſſertations ſur les lieux difficiles, *par le P. Mauduit de l'Oratoire, in*-12, 8 *vol. rel.* 28 liv.

Les Pſeaumes de la Pénitence paraphraſés, avec des Réflexions ſur les Principales Vérités qu'ils renferment, *par un Prêtre Solitaire : Paris, Le Mercier*, 1732, *in*-12, 1 *vol. petit pap. rel.* . . 1 liv. 10 ſ.

Pſeaumes de la Pénitence de David; avec des Réflexions : *Paris, Mariette*, 1727, *in*-18, 1 *vol. rel.* . . . . . 1 liv. 5 ſ.

Vindiciæ Librorum Deutero-Canonicorum Veteris Teſtamenti : *Pariſ.* 1730, *in*-12, 1 *vol. rel.* . . . . 2 liv. 5. ſ.

Sentimens ſur le *Pater, par de S. Géry de Magnas : Paris, Pépie*, 1712, *in*-24 1 *vol. rel.* . . . . 15 ſ.

Prières du Matin & du Soir : Inſtruction ſur la Meſſe, & Prières pendant la Meſſe, *par M. Lambert*, *in*-18, 1 *vol. rel.* 1 liv.

Office de la ſainte Vierge, Latin-François, ſans renvoi, *in*-18, 1 *vol. rel.* . . 1 liv.

Les Epîtres & les Evangiles, avec les Oraiſons de l'Egliſe qui ſe diſent à la Meſſe, à l'uſage de Rome & de Paris, *par Macé*, *in*-12, 1 *vol. rel.* . . . 3 liv.

Entretiens Catholiques, *ou* Pratiques de Piété pour chaque jour de la Semaine, *par le P. Archange. Paris*, 1695, *in*-12 1 *vol. petit pap. rel.* . . . . . 1 liv. 10 ſ.

Les Sermons de S. Auguſtin ſur le Nouveau Teſtament, (*traduits en François, par Philippe Goibaut, Sieur du Bois.*) *in*-8° 4 *vol. rel.* . . . . 20 liv.

Les Traités de S. Auguſtin ſur l'Evangile de S. Jean & ſon Epître aux Parthes, (*traduits en François, par du Bois.*) *Paris, Coignard*, 1700, . . . *in*-8° 4 *vol. rel.* . . . . 20 liv.

www.ingramcontent.com/pod-product-compliance
Ingram Content Group UK Ltd.
Pitfield, Milton Keynes, MK11 3LW, UK
UKHW020546180726
13838UKWH00001B/64